Matthieu Stelvio

LES IMMENSITÉS SECRÈTES
RÉCIT

Voyage jusqu'au pays où le soleil ne se couche jamais

© 2020 Matthieu Stelvio
Éditeur : BoD-Books on Demand
12-14 rond-point des Champs-Élysées, 75008 Paris
Impression : Books on Demand, Norderstedt, Allemagne

Photographie : Matthieu Stelvio
ISBN : 978-2-3222-3633-6
Dépôt légal : Août 2020

« Le bonheur d'un homme est dans l'immensité de la taïga. »
Proverbe tsaatan

1. Motif d'absence

Alors que les grues commencent à se perdre dans les nuages, l'ennui, telle une marée montante, engloutit peu à peu les quais déserts du port. Plongées dans la bruine, balayées par les vents, les trois rues d'Hirtshals semblent tout aussi abandonnées. Soufflant dans le creux de mes mains engourdies, j'entre dans un petit magasin pour y dépenser mes dernières couronnes danoises. Rien de très alléchant, mais au fond, tout ce qui compte, c'est de faire le plein de calories. N'osant pas abuser du confort de ce Rema 1000 (seul lieu chauffé accessible aux vagabonds), je m'assois dehors près des caddies, sous l'avancée de toit qui me protège un peu de la pluie. En mangeant une énorme brioche à la crème industrielle, je débute mon étude de la carte du monde d'en face, perdu au loin dans les brumes. Et je me souviens de ce moment où, quelques minutes avant de changer d'année, fatigué par le bruit (et songeant déjà à dérouler mon duvet sous un bel épicéa), je m'éclipsai discrètement dans la Nature. Plutôt que d'affronter les effusions de joie, les danses traditionnelles et toutes ces choses, je préférai partir rêvasser dans les immensités glacées. Seul, les pieds dans la neige, sous une lune naissante, bleutée, contemplant le grand ciel étoilé sur lequel se dessinait la belle silhouette du mont Charvet, je me promis, sans trop y croire, de reprendre mon vieux vélo pour m'enfuir jusqu'au soleil de minuit...

Face au Rema 1000, sur la triste place du village trône une statue de sirène, dont les seins généreux inspirent deux camionneurs qui attendent sans doute que le guichet de la Fjordline ouvre. Depuis ce matin, des tas de questions me trottent dans la tête... Reste-t-il des places sur l'un des bateaux partant ce soir ? Où vais-je dormir ? Puis, quelle route choisir ?

À la manière de ces alpinistes anglais d'un autre siècle qui s'évertuaient à résister aux assauts de la modernité en s'attaquant à une montagne uniquement à la force de leurs muscles, le déplacement *by fair means* est mon code de déontologie. Autant que possible, je m'obstine à avancer en faisant travailler mes mollets, sans dépouiller la Nature de ses ressources, sans exploiter d'animaux, sans brûler de carburant, sans consommer d'électricité. C'est donc toujours avec amertume que je monte dans un véhicule à moteur. Toutefois, n'ayant sous la main ni radeau ni pédalo, je m'autorise une *petite* entrave, aussi regrettable soit-elle, à mes principes. Bref, après des heures d'attente, le guichet finit par ouvrir. Et j'apprends que je n'aurai pas besoin de planter ma tente près de ce triste port, car il y a encore des places sur le *Viking III* qui part ce soir vers Kristiansand – à l'extrême sud de la Norvège.

J'embarque avec trois étudiantes à vélo. L'une d'elles vient vers moi, et plonge son regard d'un bleu hypnotisant dans le mien pour me demander d'où je viens. Ses compliments me font rougir. Julia et ses deux amies habitent à Kristiansand, et reviennent d'un week-end sur le littoral danois. Nous évoquons le plaisir de longer les dunes et les forêts mousseuses. Le Danemark est un joli pays, surtout à vélo ; nous sommes bien d'accord. Lorsque, dans un anglais très hésitant, je lui fais part de mon ambition – *"I want to go to the North Cape with my bicycle…"* –, elle paraît émerveillée et répand la nouvelle tout autour d'elle jusqu'à l'équipage du bateau. Je deviens subitement le centre d'un petit attroupement. On me souhaite bonne chance pour ce voyage « long et difficile ». Ces encouragements insistants caressent d'abord ma fierté, puis commencent sérieusement à m'inquiéter…

Pendant que les trois jeunes femmes s'éloignent, je tente vainement d'attacher mon vélo à de gros tuyaux pour éviter qu'il ne soit trop chahuté durant la traversée. J'erre ensuite entre des Norvégiens et des Danois qui profitent d'un supermarché *duty free* pour remplir des caddies de canettes de bière, de Coca et de Fanta. La boutique de parfum de luxe et le casino ne m'inspirent guère plus. Coincé au milieu de ce que je fuis, je finis par m'allonger sur mon petit matelas au fond du bar. Je tente de dormir, mais le bruit incessant des conversations m'épuise.

Je reste soucieux, car je vais arriver dans une grande ville à minuit, et je ne sais absolument pas où et à quelle heure je réussirai à planter ma tente. Avant de pouvoir dormir, il me faudra sans doute pédaler dans le noir, sous la pluie et contre le vent, alors que je me sens déjà à bout de force. Que de tracas ! Peu à peu, apparaissent des grains de lumière éparpillés sur de petites îles… Je sors sur le pont et découvre un grand ciel étoilé, paisible et sans nuage. J'en rêvais : comme un monde nouveau, la Norvège – terre des fjords –

est là, face à moi, resplendissante. Et tout au nord, se confondant avec l'horizon, subsiste encore, au cœur de la nuit, un timide filet de lumière… À l'autre bout de ce gigantesque pays m'attend mon premier soleil de minuit.

Je flâne sur le pont en prenant soin de profiter de ces rares instants de navigation nocturne, avant de m'apercevoir qu'il n'y a plus grand monde autour de moi. Je descends en vitesse pour retrouver mon vélo. Derrière chaque porte, des enfilades de camions. Je ne reconnais plus rien. Alors que tous les passagers sont déjà installés dans les véhicules, je cours d'étage en étage à la recherche de ma bicyclette. Le débarquement est imminent. Paniqué à l'idée de me faire voler mon vélo, je m'agite dans tous les sens, me faufile dans des trous de souris entre des poids lourds qui se frôlent. Cerné par l'odeur des pots d'échappement et le bruit des moteurs, je me sens subitement devenir claustrophobe. Vais-je réussir à m'extirper de ce labyrinthe infernal ? Mon vélo a été déplacé, mais il est encore debout. Je vérifie l'état des dérailleurs. Pas de casse… Sauvé ! Sur mes sacoches, je découvre des barres chocolatées : un cadeau des trois jolies Norvégiennes. Elles ont pris un peu d'avance. Je les rejoins devant l'immense porte articulée qui commence à s'ouvrir sur la nuit. J'ai tout juste le temps de les saluer de la main pour les remercier. Le staff nous fait signe. Il ne faut pas traîner ; derrière, les moteurs rugissent. Lancés avant les troupeaux grondants, nos quatre petits vélos se dépêchent de quitter le port joliment illuminé de Kristiansand. À moi la Norvège !

Les rues piétonnes du centre-ville sont désertes, chics et propres. Je m'y promène en savourant une douceur inattendue qui contraste avec la fraîcheur danoise dans laquelle je baignais encore en ce début de soirée. C'est tellement calme que je pourrais bivouaquer sereinement dans un parc. Toutefois, et malgré l'heure, j'ai envie de pédaler, et surtout de m'assoupir dans une contrée plus sauvage.

Aucune voiture ne trouble le repos de la Nature. À une heure passée, l'horizon prometteur conserve une clarté bleutée qui empêche la nuit de basculer dans le noir complet. Et je ne suis qu'au soixantième parallèle ! L'idée de vivre des journées de plus en plus lumineuses est terriblement excitante. Cependant, c'est encore dans une profonde obscurité que je pédale, ce qui ne m'aide pas à trouver *un bon spot de bivouac.* Tous les jardins sont ouverts, mais je ne vais tout de même pas m'installer dans l'un d'eux au milieu de la nuit. À trois heures du matin, tandis que les oiseaux se mettent à chanter et que se lève une belle journée d'été, c'est près d'une rivière, dans une sombre forêt, que je monte ma tente. Parce qu'il le faut, je jette ensuite mes dernières forces sur mon cahier. Les paupières lourdes, je lutte pour terminer d'écrire ces quelques lignes :

« *Kilomètre 2713.* Mon bonheur est sur les routes. Je l'ai découvert il y a quelques années en partant vers le pays de Diogène, vers le soleil brûlant de l'été, seul avec mon vélo, plantant ma tente dans les champs oubliés, me lavant dans les rivières, sentant les caresses du vent sur ma peau… Je connais la chanson : à mon âge, ces enfantillages devraient être terminés. Mais peu importe. Je ne veux pas faire le deuil de cette vie nomade, et préfère affronter des critiques, aussi sévères soient-elles, plutôt que d'être étouffé par la tristesse des murs.

Participer à la course effrénée de la société moderne, à l'épuisement des ressources naturelles ne m'a jamais vraiment enthousiasmé. Dans le monde du travail, sous le vernis de la morale, la question du profit domine généralement toutes les autres. Une fois pris dans les mailles du filet, j'en arrive souvent à me demander : à quoi bon ? La finance verrouille l'humanité ; le temps des utopies est terminé. Je veux fuir les discours idiots, le bruit infernal des radios. Je veux fuir ce pays anxiogène qui transforme l'herbe en béton pour aller vers des contrées épargnées par la cupidité, où règne depuis toujours une Nature promise à l'éternité.

Je rêve d'un monde opposé, d'un monde fait d'eau et de végétaux, d'animaux et de vagues, de montagnes et de neige. S'étendant à perte de vue, je l'imagine encore subsister dans les territoires les plus froids, les plus rudes, les plus décourageants ; au nord, tout au nord, le plus au nord possible. Loin de l'air pollué des cités, je veux me battre contre les vents océaniques, les averses, le froid et la brume. Je veux ressentir la pureté des éléments, exister de toutes mes forces, vivre en grand ! »

2. L'ivresse d'un lilliputien

Peu après l'aube, je replie ma tente en vitesse. Je suis en Norvège et il fait beau. Quelle chance ! Je ne dois pas en perdre une miette. Bien qu'ayant des altitudes de collines, les cimes ont des apparences très alpines. Sous ces hautes latitudes, mes repères sont bousculés ; et je suis émerveillé de découvrir des paysages montagneux côtoyant le niveau de la mer. Lacs, rivières et torrents s'entremêlent et se faufilent entre les montagnes et les forêts. Un peu partout, le bleu du ciel se reflète sur le bleu de l'eau qui court. Quel spectacle de couleurs ! Et pas un humain ! Pas un bruit ! Ces décors, qui ne cessent de changer, sont tellement magiques que mon corps oublie de se plaindre des exigences du relief...

Sous ce soleil inespéré, le vieil enfant des villes que je suis est déjà en plein dans son rêve, au cœur d'une Nature sauvage et pure, d'une Nature qui s'épanouit sous ses formes les plus belles... J'ose imaginer qu'un miracle se produise, que la pluie et la grisaille se mettent en grève quelques semaines.

Au bout d'un torrent apparaît un lac immense qui se repose douillettement dans un berceau de montagnes verdoyantes. Pas une goutte de béton, seulement trois petites maisons en bois ; près desquelles, sur une plage herbeuse, une jeune femme en maillot de bain lézarde au soleil. La porte d'un cabanon est entrouverte. Intrigué, j'y jette un œil et découvre une douche. C'est la première que je vois depuis mon départ de Grenoble. Je peine à masquer mon enthousiasme, ce qui ne manque pas d'amuser ma spectatrice qui, par un gentil sourire, cautionne mon intention, de sorte qu'en quelques secondes, j'attache mon vélo et me jette sous l'eau chaude en bénissant ce pays de cocagne.

En plus d'être très peu nombreux, les automobilistes norvégiens conduisent admirablement bien. Ils sont capables de rester dix minutes derrière moi pour me doubler en toute sécurité. Cette patience excessive est presque gênante. Toutefois, je pense m'y habituer rapidement. Et, kilomètre après kilomètre, mon affection pour la sagesse scandinave ne cesse de grandir…

Irriguées par des labyrinthes de ruisseaux, de vastes tourbières me donnent l'impression d'être sur ces hauts plateaux alpins que j'aime tant. Et quel délice de pédaler sous un ciel qui n'est pas rayé par les avions ! Dans mes pauvres Alpes, un ciel aussi pur n'existe plus ; à chaque moment ou presque, le silence est abîmé par des bourdonnements de réacteurs… Coincé entre de folles métropoles, le ciel alpin devient peu à peu la poubelle des vols européens si bien qu'en dessous, les grands espaces ne sont plus vraiment sauvages…

Je plante ma tente sous des falaises ocre dessinant un grand cirque rocheux. Après quoi, dans ce décor oublié des humains, sublimé par les couleurs du couchant, je me promène, un bout de pain à la main, en sautant de rocher en rocher pour ne pas me mouiller les pieds. L'air est doux. La nuit ne tombe pas vraiment ; les étoiles peinent à briller. Libre et heureux, je m'allonge et me laisse bercer par la douce mélopée de mon petit torrent…

27ᵉ jour
Les magasins, les bureaux, les transports, les écrans et tous ces innombrables enfermements font qu'au bout du compte, dans une vie, le soleil ne brille pas si souvent, ce qui rend, à mes yeux, sa lumière précieuse – d'autant plus précieuse que l'Univers aurait tâtonné des milliards d'années avant de parvenir à façonner, d'une manière apparemment très locale, quelques regards sensibles à sa beauté. Sans savoir pourquoi, aussi improbable que cela puisse paraître, nous disposons de tels regards. Soucieux de profiter de cette chance aussi vertigineuse qu'éphémère, j'aimerais, avant de sombrer dans ce néant éventuel qu'est la mort, être empli du sentiment d'avoir su m'emparer de chaque seconde de lumière. Mais écarquiller constamment les paupières est une tâche éreintante ! Somme toute, quand je suis fatigué, je me réjouis parfois du mauvais temps qui me donne droit à un repos que le soleil m'interdit. C'est pourquoi, ce matin, lorsqu'aux premières lueurs du jour, de petites gouttes de pluie se font entendre, je me sens soulagé, et réussis à me rendormir sans culpabiliser.

Dans le village de Tonstad, au milieu d'une vingtaine de jolies maisons, un petit commerce fait office d'épicerie, de poste, de bar, de snack, de mairie, de bibliothèque, entre autres choses. Démoralisé par les prix exorbitants, je tourne dans les rayons en faisant des calculs mentaux afin de convertir les prix en euros pour finalement me décider à acheter des biscuits secs, du pain *kneipp* et un gros morceau de fromage ressemblant à du beurre (le *gulost*). Pour mes papilles, l'aventure promet d'être insipide... Tant mieux ! Les futilités gustatives ne me détourneront pas de l'essentiel.

Diogène n'a-t-il pas préféré se nourrir de miettes plutôt que de festoyer à la table d'un empereur ?

Pour rejoindre le Lysefjord, j'envisage de passer par un col à plus de sept cents mètres d'altitude jusqu'à ce qu'un panneau très inquiétant me fasse douter de son accessibilité. Je m'arrête bêtement, incapable de comprendre le moindre mot. Non sans peine, je finis par trouver une promeneuse qui m'explique que la route 468 est encore fermée à cause de la neige. De beaux souvenirs me reviennent en tête... Il y a quelques années, en fin d'hiver, j'aimais m'aventurer sur les routes barrées, puis marcher dans la neige, le vélo sur l'épaule, jusqu'aux grands cols alpins. Mises à part deux ou trois avalanches, tout se passait généralement bien. Et j'étais heureux de voir les marmottes sortir. Me relancer dans une telle expédition serait excitant, mais malheureusement inutile, car la route 468 est coupée par un fjord, et le bac qui la relie à l'autre rivage ne circule pas à cette saison. Il me faut donc faire un grand détour, passer par un autre col que l'aimable Norvégienne me montre du doigt en m'expliquant qu'avec *mon enclume*, ce ne sera pas facile. Une fois en selle, je ne lui donne pas tort...

Au cœur d'une sombre vallée dominée par des montagnes abruptes, de petits ruisseaux se rejoignent pour former un joli collier de lacs que je longe en me battant contre les vents glacés, et ce, sous les regards hébétés de moutons éparpillés sur la chaussée. L'été approche : quoi de plus normal que d'enfiler mes gants et mon bonnet ? J'aime lutter contre les éléments : c'est un moyen de me sentir exister, d'arracher de grandes bouffées de vie après tout ce temps perdu, après ces milliers et milliers d'heures durant lesquelles je suis resté assis sur une chaise, face à un bureau, à regarder des professeurs soporifiques, à résoudre des équations inutiles, à désespérer de toutes ces choses si futiles.

En fin de soirée, alors que la brume s'épaissit, je bifurque vers un petit lac – *petit* dans l'acceptation norvégienne du terme – en espérant trouver un coin tranquille pour bivouaquer. La bruine, l'obscurité et les hautes herbes ne me simplifient pas la tâche. Pour ne rien arranger, le lac déborde. Par endroits, il se permet même de lécher la route. Je réussis néanmoins à trouver un petit bout de plage pour monter ma tente. Puis je me réchauffe dans mon duvet en écoutant les gouttes de pluie se mélanger aux cloches des vaches.

28ᵉ jour

Il pleut encore. Le brouillard est si épais que je ne vois pas l'autre rive du lac. Je referme ma tente et me rendors. Vers midi, il pleut toujours aussi fort. Après avoir enfilé ma cape de pluie, mes gants de vaisselle et replié mon matériel gorgé d'eau, je remonte sur mon vélo. La route, qui s'élève, me fait bien suer ; et les parties de mon corps qui ne sont pas trempées par la pluie sont mouillées par ma transpiration. Pendant que je slalome entre des vaches impassibles, un sommet se laisse deviner et me rappelle les grands espaces qui m'entourent. J'ai la chance de pédaler à travers de sublimes paysages. Je regrette simplement de ne pas les voir.

Peu à peu, la brume se dissipe. Gardant un air menaçant, des nuages noirs restent toutefois accrochés aux cimes, et c'est sous ce couvercle opaque que je découvre le Lysefjord, titanesque bras de mer pris en étau par des falaises hautes comme des montagnes. Le Lysefjord – aussi long qu'un marathon, aussi large que deux tours Eiffel – donnerait le vertige à n'importe quel Marseillais passant ses dimanches dans les calanques. Entrechoquant l'océan et les montagnes, ce paysage est si exceptionnel que le caractère terrestre de son existence m'étonne, et donne de nouvelles dimensions à une planète que je croyais bien connaître. Je suis sans doute aussi ébahi par cette démesure que ne le serait un naturaliste spécialiste du bocage normand qui arriverait en Afrique et tomberait pour la première fois nez à nez avec une girafe.

Pas le temps de sécher, la pluie reprend. Dans un petit port, tandis que je m'abrite sous une avancée de toit, un marin vient me voir, et m'explique, d'un air malheureusement sérieux, qu'aujourd'hui, les précipitations s'élèvent à *seulement* dix millimètres. Ne sachant pas interpréter un tel chiffre et lui montrant mes vêtements détrempés, je lui réponds que c'est déjà beaucoup. Avec un petit sourire sournois, il me dit qu'il pleut tout de même deux fois moins qu'hier et cinq fois moins qu'avant-hier, avant d'ajouter qu'à Jørpeland, pas une journée ne s'achève sans avoir vu la pluie – sauf quand il neige. En clair, en contrebas des reliefs de cette façade océanique, les locaux ne consultent pas la météo pour savoir s'il va pleuvoir, mais plutôt pour savoir comment il va pleuvoir – subtilités qui ne peuvent qu'échapper aux néophytes.

Tout à coup, de grandes taches bleues se forment dans le ciel, et le soleil illumine les innombrables îles prises entre les grandes mâchoires du fjord de Stavanger. Ralentissant ma progression, un fort vent de face pourrait me contrarier, mais dopé par la beauté du paysage, par la joie d'humer l'air marin, ma bonne humeur est inébranlable. Je glisse du littoral à une grande vallée sauvage, où je découvre des paysages qui me sont entièrement réservés. Par une basse corniche, je longe un lac gigantesque coincé entre des falaises qui s'étirent jusqu'à de sombres nuages. Peu à peu, des rayons de soleil percent ces nuées, puis dorent de vastes flancs montagneux. Et entre de gros cotons surgissent les sommets. De tels jeux de lumière font naître en moi une forme d'inspiration que je regrette de ne pas savoir transposer sur une toile à la manière de ces tableaux de l'abbé Guétal qu'une petite salle du musée de Grenoble préserve de l'oubli.

3. Sages parmi les sages

J'entends comme un craquement de branche. Deux élans ! Je m'arrête net et m'efforce d'être le plus discret possible. Ils n'ont pas de bois. Il s'agit sans doute d'une mère et de son fils. Nous nous regardons. Il y a dans leurs yeux une douceur attachante. Puis mes deux cousins s'enfuient dans les profondeurs sylvestres, emportant avec eux tous leurs mystères. Je sens une grande joie m'envahir : même s'il pleut jusqu'au bout de mon aventure, j'aurai au moins vu deux élans.

Les herbivores sauvages m'ont toujours semblé vivre en parfaite adéquation avec leur milieu. Ils mangent un peu d'herbe, se déplacent. L'herbe repousse, puis ils repassent. Découvrir un nouvel animal sauvage, c'est découvrir une nouvelle manière d'appréhender la vie. La première fois que je vis un bouquetin, je compris que le monde devait être beau à travers ses yeux, et j'eus envie d'exister autrement, de me réveiller chaque jour au sommet d'une montagne pour regarder le soleil se lever ; s'ensuivirent des centaines de bivouacs et mes plus beaux matins. Observer les animaux sauvages, tenter de comprendre leurs habitudes, leur façon de vivre, d'affronter les saisons, tout cela a progressivement modifié mon regard sur le monde ; monde autrement plus riche que la représentation usuelle que la société nous en fait. Ce sont les élans, j'en suis sûr, qui comprennent le mieux ces lacs et ces forêts, qui ont le plus à m'apprendre.

Un cerveau, une moelle épinière, des fibres afférentes, des fibres efférentes, des axones, des synapses, de l'histamine, de la sérotonine, de la dopamine, de l'adrénaline… Les mammifères sont dotés d'un système nerveux de même nature que le nôtre. Ils sont sensibles ; physiologiquement, c'est incontestable. Ils ont des émotions ; ce qui nous sépare n'est que de l'ordre de la traduction. Pourtant, en ce début de siècle, les sociétés occidentales s'obstinent à considérer ces animaux comme étant, tout au plus, bons à découper. Dans l'ensemble, nos frères restent grassement ignorés et n'occupent à peu près aucune place dans nos univers mentaux. Les médias s'attardent beaucoup plus sur les lauriers d'un président superflu que sur l'ensemble des animaux de la planète. Nous nous croyons exemplaires. Nous prônons la tolérance, mais ne nous préoccupons que de nos propres intérêts, allant jusqu'à raser la Nature pour bâtir un monde de béton, de sang, de bruits et d'écrans ; un monde qui ne peut que lasser un cœur épris de chaleur…

J'éprouve plus d'émotions à la vue fugace d'un animal sauvage qu'à l'écoute du baratin monotone et sensationnaliste des hominidés modernes. Je me reconnais plus en un bouquetin qui contemple, du haut de sa montagne, l'horizon qu'en un être humain qui, une bière à la main, me vante les performances d'une voiture. *Homo sapiens sapiens* : sages parmi les sages qu'ils s'autoproclament ! Pour nous désigner, peut-être serait-il plus judicieux de demander aux professeurs de latin d'inventer une expression moins usurpée ? Arrêtons de laisser mentir les dictionnaires : la bonté est une exception plus qu'une définition du mot *humain*.

En prenant de l'altitude, le panorama s'élargit. D'un côté, un grand lac sans la moindre ride confortablement logé dans le creux de petites montagnes toutes vertes ; de l'autre, un archipel qui resplendit sous les couleurs orangées d'une longue soirée d'été. Tout frissonnant, je bascule vers une nouvelle branche du fjord étoilé de Stavanger. Interrompue par la mer, ma route s'arrête à Hjelmeland, joli village endormi dans la fraîcheur de la rosée. Aucune maison n'a de volets, sans doute parce que la Nature est ici si belle qu'il paraît malsain de vouloir barrer le chemin de sa lumière. Le prochain bac part demain matin. Je me réfugie au chaud dans la *venterom*, petite salle destinée à attendre l'embarquement. Il n'y a absolument personne, ni dans la *venterom* ni dans les deux rues du village. Après hésitations, j'installe mon matelas dans un coin de la pièce, puis dîne en examinant ma carte qui se transforme rapidement en casse-tête (tant les montagnes sont omniprésentes, tant la mer s'immisce dans les terres, tant les tunnels sont nombreux).

29ᵉ jour
C'est la femme de ménage qui me réveille, malgré elle. Je m'empresse de tout remballer, même si elle m'explique que je ne la dérange pas. Je ne veux pas perdre une miette du soleil qui inonde la *venterom*. Grâce au bac, ma journée commence par une petite croisière qui, sous un ciel parfaitement bleu, mêle la mer aux montagnes. Je suis émerveillé par la beauté du paysage, et cours dans tous les sens pendant que les autres

passagers restent dans les voitures, considérant sans doute ce bac comme un simple transport quotidien, aussi banal que le métro pour des Parisiens. Ce court trajet est si peu onéreux que je referais bien un petit aller-retour. Mais pas question de traîner : le Grand Nord m'appelle, et la route, qui épouse les dentelles du littoral, promet d'être belle.

Tranchant le fjord, une chaîne de montagnes donne naissance à deux nouveaux fjords qui se divisent encore, et ainsi de suite, de sorte que la mer, qui se faufile dans le relief, forme un labyrinthe colossal. Je m'élève sur une route en corniche, m'imprègne de ce spectacle géologique illustrant à merveille la géométrie fractale. Entre les montagnes boisées, un bateau de pêche peine à se faire remarquer. Dans ce décor, l'animal humain semble aussi petit qu'un microbe, et je crois découvrir la beauté originelle de la Terre. Il me paraît si urgent de profiter de ce soleil norvégien, réputé pour sa rareté, que je ne prends même pas le temps de pique-niquer...

Je m'aperçois qu'il est déjà plus de vingt-trois heures lorsque ma route est à nouveau coupée par la mer. Il n'y a pas de bac avant demain matin. Une averse, qui semble en annoncer d'autres, me pousse naturellement dans la petite *venterom* de Skånevik. Il n'y a personne et il y fait bien chaud. Heureux d'être au sec, je m'endors en écoutant la pluie frapper les carreaux.

30ᵉ jour
J'attrape le bac *in extremis*, encore en caleçon. Les nuages sont bas et cachent les sommets, mais j'ai de la chance, car il ne pleut pas, enfin seulement par intermittence. Sans soleil,

mon combat contre les éléments sera moins aisé, mais plus estimable. Arrivé à Utåker, hameau vraisemblablement inhabité, je m'abrite de la pluie dans la *venterom*. Seul dans une bulle au milieu du brouillard, je déjeune en songeant à la Turquie, où, dès que je m'arrêtais, il y avait toujours un curieux pour venir voir mon vélo et discuter. Tout le monde m'appelait « mon ami ». J'en avais parfois un petit peu marre de raconter l'histoire de mon voyage, de répéter les mêmes phrases cinquante fois par jour. Mais aujourd'hui, le souvenir de cette chaleur orientale me rend nostalgique. En Norvège, quatre-vingt-dix-neuf pour cent du temps, je ne vois personne ; le centième restant, je croise des gens toujours très polis, mais rarement curieux (ou alors n'osant pas me poser de questions potentiellement indiscrètes). Cette solitude est certes pesante, mais aussi apaisante, car au-delà de l'ennui et de l'absence, elle me fait oublier les futilités de l'apparence, et me permet d'être en accord avec mes convictions, d'éviter les disputes infructueuses – de vivre en paix !

4. Hardanger

J'enfile ma cape de pluie, mes gants de vaisselle, et c'est parti ! Au moins sous les trombes d'eau, je ne m'attarde pas à faire des photos ; j'avance plus vite. Mes chaussettes deviennent des éponges gorgées d'eau. Je grelotte. Être ainsi saisi par le froid et la pluie me donne le sentiment d'être intensément vivant. Il y a vraiment quelque chose de beau dans ces sensations. C'est toutefois sans la moindre hésitation que je me réfugie dans le petit hall commercial d'un village nommé Rosendal.

Les rayons du magasin peinent à me séduire. Je rachète une brique de *gulost*, fromage insipide à pâte dure, source de calories à bon marché. Les Norvégiens produisent visiblement peu de nourriture, ce qui est compréhensible, car où placer des champs sur ce territoire si souvent recouvert de neige et quasi exclusivement constitué de montagnes abruptes, de forêts, de tourbières et de lacs ? Les aliments sont importés, transformés, emballés, hors de prix. La poésie de la Provence, des marchés ensoleillés, des fruits et des légumes frais me manque. Je rêve de tapenade, de tomates, de cerises et de figues. Faute de mieux, installé à une table dans le petit hall, je déguste mes tartines de *gulost*. Sensible à la sagesse des ascètes, j'attache peu d'importance à la gastronomie ; je lui préfère la beauté des paysages et le goût de l'aventure. Il n'en demeure pas moins que j'ai déjà trouvé une bonne raison – manger autre chose – de me réjouir du franchissement de la prochaine frontière. En attendant que sèche ma cape de pluie, je regarde les autochtones… Comme un uniforme national, ils portent tous de belles vestes en Gore-Tex (dont chacune vaut facilement la moitié d'un SMIC). Pour eux, la pluie est aussi banale que le soleil pour des Niçois. Tous me disent bonjour en souriant, mais rien de plus. Bref, c'est mal barré pour l'invitation à dormir au sec ce soir.

Sur une carte du monde, le fjord d'Hardanger, long de plus de deux cents kilomètres, ne passe pas inaperçu. Je le retrouve enfin ! C'est avec *une douce amie* (aussi valeureuse qu'attachante) que je donnai mes premiers coups de pédale en Norvège. Ce fut un bel été. Après une désespérante collection d'averses et de bivouacs humides, nous arrivâmes dans le fjord d'Hardanger ; et ce fut exactement ce jour-là que le soleil eut la miraculeuse idée d'envahir le ciel, et de faire disparaître les interminables wagons de nuages charriés par les courants océaniques. Entre les îles verdoyantes et les montagnes coiffées de glaciers, le bleu du ciel se reflétait dans le miroir turquoise de la mer, et nous vîmes nos premiers dauphins. Une aussi belle journée en rachetait bien dix à pédaler sous la pluie (du moins, c'était mon avis) ; et la rareté du soleil ne fit que rendre plus précieuse l'inégalable somptuosité de ces paysages. Ce fut tellement beau que je me promis de revenir dans ce fjord et d'aller explorer les suivants jusqu'au cap Nord. Pour cette fois, nous n'avions pas le temps de monter plus au nord, et ma vaillante coéquipière, déjà familière des lieux, commençait à en avoir sérieusement marre du froid et de la pluie. Rien de grave : je referai les quelques milliers de kilomètres qui séparent Grenoble du fjord d'Hardanger une prochaine fois…

Et m'y revoilà ! Mais aujourd'hui, c'est sous une triste pluie que je quitte Rosendal, porte d'entrée d'Hardanger. Sans la mémoire du passé, mon imagination peinerait à entrevoir la beauté dissimulée par une brume qui ne cesse de s'épaissir. Quelle frustration d'avoir le plus bel endroit du monde pour moi seul, et de ne voir que du gris ! Je suis trempé. J'ai froid. Lorsque l'on passe ses journées dans de belles pièces chauffées, il est facile de tourner en dérision les conversations portant sur la pluie et le beau temps, soi-disant futiles, mais dans la Nature, loin du confort artificiel, quoi de plus essentiel ? Avant de quitter Hardanger pour poursuivre ma route vers le nord, je m'offre un peu de répit sous une vieille aubette. Mélancolique, je me souviens du soleil qui nous accompagna tout au long de ce fjord jusqu'au Hardangervidda, plus grand plateau montagneux d'Europe, dont les tourbières resplendissantes se mêlaient à une foultitude de ruisseaux et de lacs léchant les glaciers fondants… Quel contraste avec cette atmosphère si chagrine !

Après des heures sous la pluie, alors que le ciel s'assombrit, j'arrive au bout de la route, sur le quai désert d'un bac, à une heure où les traversées sont terminées. La *venterom* est ouverte. Il n'y a personne. Soulagé d'être enfin au sec, je reprends mes habitudes, et pose mon matelas face à la baie vitrée qui m'offre une vue sur mer plutôt terne – mais une vue sur mer, tout de même. Heureux de plonger mon corps frissonnant dans la chaleur de mon sac de couchage, je songe à cette journée brumeuse, froide et pluvieuse. Quelle épuisante aventure ! Je pourrais ne pas être rassuré de passer la nuit seul dans une pièce ouverte à tous. Je suis cependant beaucoup trop fatigué pour m'inquiéter, et m'endors aussi rapidement qu'un nourrisson rassasié.

5. Bergen

Le ciel n'est plus qu'un grand camaïeu gris. Plus au nord, ce sera sans doute pire : il y aura le froid, la neige, la glace... Imaginer les difficultés à venir rend la chaleur de l'instant présent encore plus savoureuse. Au milieu des tourments de la Nature, j'aime me sentir à l'abri dans un petit cocon... Et je me souviens des orages et des tempêtes, de la neige et des averses, de toutes ces nuits sous *mon petit tarp*, tout emmitouflé dans mon gros duvet, ne laissant dépasser que le bout de mon nez...

Renonçant aux douces voluptés de la paresse, je me remets en selle. Très vite, un petit bruit m'inquiète. Je crois reconnaître ce craquement, et me remémore ma mésaventure du Cormet de Roselend, cette triste virée alpestre qui s'acheva dans un train, le vélo sur l'épaule... La mollesse de mes manivelles confirme mon diagnostic : mon boîtier de pédalier est sur le point de lâcher. Pourquoi la vie n'est-elle pas plus simple ? Pourquoi faut-il toujours que des problèmes s'y greffent ? Bref, je dois à présent trouver un vélociste, ce qui est loin d'être aisé dans ces contrées sauvages. Je décide de me diriger vers Bergen (l'une des rares grandes villes du pays) qui, par chance, n'est qu'à quelques dizaines de kilomètres. Si aucun commerce n'a ma pièce en stock, je risque de devoir patienter sur place plusieurs jours, ce qui, d'une part, ferait chuter ma moyenne kilométrique journalière, et, d'autre part, pourrait me faire louper mon rendez-vous avec le soleil de minuit. Que de contrariétés en perspective !

Entrer dans une grande agglomération à vélo est toujours une épreuve que je redoute – souvent à juste titre. Mais cette fois, et malgré la quasi-absence de vélos, je dégotte une belle piste cyclable qui me mène à Bergen, et ce, sans avoir à humer l'odeur des pots d'échappement. Sous un grand ciel bleu, je découvre des paysages enchanteurs. Des maisons colorées se reposent entre de grands lacs et de petites collines en fleurs. La Norvège me réconcilie avec le monde périurbain, et je désespère de cette arrogance française qui voit en l'Hexagone le plus beau pays du monde. On ne préserve pas la splendeur d'un territoire en le couvrant de béton, de zones commerciales et d'autoroutes. Tôt ou tard, la dictature de la laideur sera submergée par la violence de nos rancœurs.

Je trouve un magasin de vélo. Ils ont ma pièce. Elle coûte évidemment bien plus cher qu'en France. En l'absence d'outils adéquats, il me faut également payer la main d'œuvre. Alors que je me rationne quotidiennement pour limiter mes dépenses, j'éprouve de l'amertume à l'idée de voir ainsi partir en fumée une somme avec laquelle je pourrais me nourrir durant une quinzaine de jours. Pour me faire patienter, le vendeur me tend une revue cycliste à la une de laquelle je retrouve le Vercors. Faisant défiler les photos des belles petites routes ensoleillées, je me sens nostalgique et aussi, il est vrai, un peu fier que « mes montagnes » puissent faire rêver des Norvégiens si bien entourés.

Dans les rues de Bergen, l'été donne le sourire aux flâneurs. Les enfants courent dans les parcs, montent sur les statues, se baignent dans les fontaines. Les artères piétonnes sont joyeusement animées par des acrobates et des jongleurs. Cette grande ville verte et aérée ne ressemble pas aux grandes villes françaises saturées de voitures, d'immeubles et de stress. Dans le port, les promeneurs arborent leurs lunettes de soleil. Autrefois réservées aux pêcheurs, les maisons en bois, de couleurs vives et variées, sont désormais des restaurants aux terrasses pleines de vie. Je m'installe sur un banc pour pique-niquer à côté de mon vélo, ce qui ne manque pas d'attirer quelques badauds. Tous sont unanimes : ce grand soleil est inhabituel. Il faut en profiter, car à Bergen, « lorsqu'il ne pleut pas, c'est qu'il va pleuvoir ».

Aussi sympathique que loquace, Kristoffer profite de son petit tour à vélo pour me guider hors de la ville. Sous sa chevelure en choucroute, son visage, garni d'une grosse barbe poivre et sel, a la générosité d'une vieille terre fertile. À vingt ans, Kristoffer a voyagé une année en Amérique avec son sac à dos. Ses parents ne voulaient pas qu'il parte. Évidemment, il ne regrette rien. Entre deux petits jobs, il marchait au bord des routes, faisait du stop, dormait dans les motels, buvait de bonnes bières… Bref, c'était la belle époque. À présent, il travaille pour une société pétrolière. « En Norvège, on n'a pas de soleil, mais on a du pétrole ! C'est grâce à ce poison que notre pays est devenu le plus riche d'Europe. Et pourtant, on partait de loin ! » Son boulot n'a rien de passionnant. Kristoffer attend sagement la retraite. Sur un ton de plaisanterie qui cache mal ses regrets, il m'explique qu'au fond, il aurait fait moins de mal à la planète en continuant sa vie de bohème... Nous parlons de choses et d'autres. Il tente de m'apprendre quelques mots norvégiens. Je m'efforce de les retenir, mais je n'arrive même pas à les prononcer. Nous nous quittons bons amis.

Alors que je m'élève sur une route m'offrant un vaste panorama sur la mer, je m'aperçois que, distrait par tous ces bavardages, j'ai oublié de me ravitailler, ce qui est gênant, en particulier la veille d'un dimanche. Conscient de m'éloigner de la civilisation, je garde toutefois espoir de trouver une petite boutique avant ce soir.

C'est sous un ciel parfaitement bleu que je traverse un grand plateau irrigué par de jolies petites rivières. Ce doux relief me rappelle les charmes de l'Auvergne. J'aime ces grands espaces inondés de soleil, ces grands espaces sans murs et sans béton, ces grands espaces qui courent vers l'horizon. Les maisons sont rares et isolées ; la Nature semble s'y immiscer. Et la poésie de ces chaumières, si différente de celle des immeubles de banlieue, me fait rêver. Il n'en demeure pas moins que je n'ai toujours pas croisé de magasin. En pédalant, je passe en revue mes provisions alimentaires qui se limitent à deux biscuits et une pomme. Mes réserves adipeuses, quant à elles, sont bien minces. Je suis inquiet, car lorsque je ne mange pas assez, je fais des hypoglycémies ; et lorsque je suis en hypoglycémie, j'ai tendance à avoir des migraines ; et lorsque j'ai des migraines, je ne peux plus pédaler ; et si je ne peux plus pédaler, je ne parviendrai pas à me réapprovisionner. Bref, ma situation est critique. Je me vois déjà à l'agonie. Je pourrais cueillir des baies, mais si des renards atteints d'échinococcose les ont caressées de trop près, je risque de tomber gravement malade. Oserais-je braver ma timidité et frapper aux portes pour quémander de la nourriture ?

Finalement, c'est entre des prés fleuris que m'attend une improbable épicerie. Cinq minutes avant la fermeture, je m'empresse de remplir ma sacoche de tout et de n'importe quoi sous le regard amusé du jeune caissier qui entame la conversation afin d'élucider la drôle d'énigme du cycliste affamé que je suis. Quel soulagement de ne pas être condamné à la diète !

Sous un ciel orangé sillonné par les goélands, je retrouve l'horizon océanique, saupoudré de petites îles sauvages. Puis j'arrive à Leirvåg, port minuscule et désert, perdu au milieu de nulle part. Le bac a terminé sa journée. Fidèle à mes habitudes, j'installe mon matelas sur le banc de la *venterom*. Ma chambre est si luxueuse qu'un robinet d'eau chaude est à ma disposition. Propre comme un sou neuf, je m'offre un *bon* petit dîner illuminé par de lointaines plateformes pétrolières qui scintillent comme des chandelles. Repu, je m'endors dans la chaleur de mon petit refuge... pendant que de gros nuages (venus de je ne sais où) éclatent en sanglots.

32ᵉ jour
Un homme du staff Norled me demande si j'ai bien dormi. Je craignais que l'on me reproche de passer la nuit dans une *venterom*, mais loin de vouloir me récriminer, il m'explique simplement que si je veux prendre le prochain bac, je dois me dépêcher. Bien que les généralisations soient dangereuses et échouent toujours à décrire la complexité de la réalité, j'avoue que les Norvégiens me paraissent particulièrement aimables.

Bref, une fois encore, je démarre ma journée en trombe. Puis c'est accompagné par la pluie que je m'enfonce dans des forêts brumeuses, où se cachent d'innombrables lacs…

Et me revoilà bloqué par la mer ! Le prochain bac part dans trois heures – rien que ça ! Aucun être humain dans les parages, ma tranquillité promet d'être absolue. Un petit préfabriqué sert de *venterom*. Je m'y réchauffe en regardant les vagues se mélanger au brouillard, et passe ensuite un long moment à manger des tartines de *gulost* en étudiant mes cartes. Décidément, se frayer un chemin à travers ce dédale de tunnels interminables est un vrai casse-tête pour un cycliste.

Faire l'ermite dans ma cahute ne me déplaît pas, et me rappelle même de bons souvenirs… Que j'aime toutes ces petites cabanes de la Chartreuse et du Vercors ! D'un autre côté, ce n'est pas la saison pour hiberner. Et je me sens frustré d'être coincé entre ces murs en plein milieu de journée, de devoir couper mon élan vers le cap Nord…

Sur une mer fouettée par les vents, le bac – pas tout à fait vide – me fait traverser dans sa courte largeur l'un des plus longs fjords de Norvège, et ce, dans un parfait brouillard qui oblige mon imagination à rebâtir des montagnes (qui ne tiennent évidemment pas debout). Malgré mes efforts et mes milliers de kilomètres, le rideau restera baissé, et je ne verrai donc pas les merveilles du Sognefjord… Puis, dans une vallée profondément sauvage, je longe une rivière tumultueuse qui profite de quelques lacs pour s'offrir de belles pauses. Recouvert d'une mousse verte et spongieuse, le sol des forêts regorge de vie. Partout, l'eau ruisselle. Ce contraste avec les terres arides d'Andalousie ou du Péloponnèse me fait songer à l'immensité de ce continent que je n'aurai jamais fini d'explorer. Le monde est d'autant plus grand que je suis lent.

À minuit, le soleil a disparu, mais pas de nuit noire, simplement une pénombre bleutée. Mon horloge biologique est déréglée. Je n'éprouve pas vraiment le besoin de dormir. Toutefois, ayant du mal à m'affranchir des préceptes d'une éducation rigoriste, il me paraît raisonnable de m'infliger un petit temps de sommeil. Entre ces falaises et ces tourbières humides, ce n'est qu'à une heure tardive, presque matinale, que je trouve enfin une parcelle suffisamment plate et sèche pour accueillir ma tente. Je bataille pour écrire quelques lignes, mais les mots sont trop loin. Je n'ai plus la force d'aller les chercher. Vaincu par la fatigue, je m'écroule sur mon cahier.

6. Geiranger

En cette matinée fraîche et brumeuse, je songe à la volupté d'un été dans mon Dauphiné, au soleil sur les Alpes, aux siestes entre les épilobes, aux journées en manches courtes... M'éloigner de cette chaleur – pour aller vers son extrême opposé – me rend mélancolique. Lorsque je reviendrai dans mon pays (enfin, si j'y reviens...), l'été sera sans doute terminé. Pour autant, plutôt que de siroter un cocktail sous le soleil d'une terrasse artificielle, je préfère vivre dans le froid et la grisaille, au milieu de ces contrées sauvages faites d'arbres et de sommets. Au béton balnéaire, je préfère ces paysages qui ont traversé siècles et millénaires, et qui survivront au défilé des décors irraisonnés d'une civilisation éphémère. Sous une pluie battante, je longe sur une trentaine de kilomètres un *petit* lac (joliment nommé Jølstravatnet), puis je descends une rivière, large comme un fleuve, entourée de montagnes rocheuses et de cascades hautes de mille mètres.

À ma vue, une mouette quitte son nid, prend de l'altitude, puis, à la manière d'un rapace, descend en piqué dans ma direction. Elle me frôle, s'élève à nouveau, et répète sa charge à de multiples reprises. Je m'enfuis à toute vitesse en essayant de me protéger les yeux. La mouette finit par abandonner, et mon cœur par se calmer. Moi qui redoute les chiens, les renards, les chauves-souris, les rats, les tiques, les sangliers, les moustiques, les parasites, les frelons asiatiques, la borréliose, l'échinococcose, la leptospirose, les rickettsioses, entre autres choses, je n'avais encore jamais eu l'idée d'avoir peur des mouettes…

Au passage d'un col, je repère une petite cabane en bois camouflée par un toit végétalisé. Elle est ouverte. Il y a même des bougies. Je m'offrirais bien une nuit au sec, mais il n'est que vingt heures. Je ne peux tout de même pas arrêter de pédaler si tôt. Rendue glissante par la pluie, la descente sinueuse du col est une épreuve angoissante qui m'oblige à slalomer entre des nids-de-poule et des moutons en liberté ; une épreuve aussi usante pour mes nerfs que pour mes patins de frein. J'en sors toutefois indemne.

Puis, quel délice de longer les eaux paisibles du fjord d'Innvik ! Sous un grand ciel rose, face aux glaciers du coin, je plante ma tente sur une plage parfaitement déserte. Et je m'endors dans un calme absolu.

34ᵉ jour
À quatre heures, il fait grand jour. Après hésitations, je me rendors. À huit heures, il pleut ; je me rendors. À onze heures, il pleut encore. Je décide néanmoins de lever le camp pour me diriger vers Stryn, bourgade située juste en face, à seulement trois kilomètres à la nage. À vélo, par contre, la route (qui suit méticuleusement les villosités du fjord) est *un peu moins directe*, et place Stryn à une cinquantaine de kilomètres. En pédalant, je songe aux ciselures si nombreuses de ce littoral ; à ce découpage fractal qui s'oppose à la rectitude euclidienne des plages d'Aquitaine… Ces

considérations géométriques, l'absence de voitures et surtout la quiétude de la Nature m'aident à accepter la grisaille et l'humidité. Et après tout, j'ai pour moi seul des montagnes enneigées, des glaciers et la mer : quel luxe ! Je ne vais quand même pas chipoter pour quelques rayons de soleil…

N'ayant pas la patience d'attendre le bac d'Hellesylt pendant dix heures, je m'élance dans un tunnel ascendant long de quatre kilomètres, ce qui n'est peut-être pas une décision très sage. Je dois toutefois m'entraîner, car pour atteindre l'île du cap Nord, il me faudra inévitablement traverser un redoutable tunnel de sept kilomètres passant deux cents mètres sous le niveau de la mer.

Je sors finalement de ce premier tunnel le sourire aux lèvres, heureux de ne pas avoir manqué d'oxygène et de n'avoir croisé aucune voiture. S'ouvre alors un panorama vertigineux. Couvertes de glaciers et de cascades, deux chaînes de montagnes hautes de mille six cents mètres se font face, et prennent en tenaille un long et mince filet de mer sur lequel navigue un bateau de croisière aussi petit qu'une fourmi. Dans mes pupilles, Geiranger brille. Et je comprends que le plus célèbre des fjords est aussi l'une des merveilles géologiques les plus saisissantes de la Terre, voire du système solaire. Et j'imagine ces paysages inconnus et autrement grandioses couvrant la surface de lointaines planètes, ces paysages face auxquels aucun être vivant ne se trouvera jamais, ces beautés extravagantes et pour toujours secrètes. À ma mort, je n'aurai pas vu grand-chose de l'Univers, seulement quelques détails infiniment petits d'une poussière perdue je ne sais où…

Façonnés par le mercantilisme ambiant, les *Homo sapiens* contemporains ont tendance à se croire au centre de tout, à se croire propriétaires de tout, alors que nous sommes aussi minuscules qu'éphémères. Nous avons des yeux pour regarder et comprendre l'Univers, mais préférons passer nos vies à nous regarder dans des miroirs, à nous admirer les uns et les autres, allant jusqu'à oublier l'existence du ciel, de l'horizon, des étoiles et des galaxies. Oublions toutes ces petites fusées polluantes, pétaradantes et ridicules, la chose chez les hommes la plus encline à s'élever jusqu'aux immensités cosmiques serait plutôt la démesure de leur orgueil.

Après avoir traversé un second tunnel (aussi interminable que le premier), je suis téléporté dans une vallée verte et sauvage, paradis culinaire de bon nombre d'élans. Appréciant l'air vif de cette belle soirée, je prends plaisir à la prolonger au-delà du raisonnable… Puis j'atterris dans une petite ville où je suis à nouveau bloqué par la mer. Le prochain bac ne part que demain matin. Il n'y a pas de *venterom*, et je ne trouve pas d'endroit plat, un peu à l'écart, pour camper. Je m'aventure sur un chemin traversant des jardins, m'enfonce dans des buissons, avant d'arriver sur une belle plage herbeuse possiblement privée. Prenant soin de ne pas me faire repérer, je pousse mon vélo en courbant le dos. Je monte ensuite ma tente derrière un arbuste qui ne me protège pas tout à fait des maisons voisines. Je reste malheureusement visible, d'autant que même à minuit, le ciel ne sombre plus dans le noir. Peu importe, les Norvégiens sont trop sages pour me crier dessus. Au pire, ils m'offriront un café…

7. Trollstigen

Luttant contre les assauts d'un vent contraire, j'attaque l'ascension de la route des Trolls. Au creux d'une vallée verdoyante étreinte par des montagnes couvertes de neige et de glaciers, un torrent sculpte de grandes vasques dans les rochers. Pour mieux profiter de la beauté de ces ouvrages, je me pose au bord de l'eau, prends le temps de me laver... À la vue d'un des rares spécimens de son espèce, un cycliste-voyageur s'arrête pour discuter, et ce, pile-poil au moment où, tout grelottant, je me rince les cheveux. Son vélo est à peu près aussi chargé que le mien (cinquante kilos à la louche). Piotr a une trentaine d'années, une barbe de baroudeur et un grand cœur. Bien que je sois en caleçon (tenue que j'affectionne peu dans le cadre d'une interaction sociale de cette nature), la médiocrité de son anglais me met tout de suite à l'aise, car premièrement, il n'utilise que des mots simples ; deuxièmement, je comprends mieux son mauvais accent (proche du mien) qu'un bon accent anglophone ; et troisièmement, lorsque je m'exprime, il n'a pas l'air de se dire : « La vache ! Comme son niveau d'anglais est catastrophique ! »

Mon ami polonais est parti à vélo de chez lui (c'est-à-dire de Cracovie). Il a traversé les pays Baltes, puis la Finlande avant d'atteindre le cap Nord, et de commencer sa descente de la Norvège. Plein d'appétit, Piotr a déjà cinq mille kilomètres au compteur. Il est tellement sympathique que j'oublie d'être jaloux. Sa description du cap Nord m'inquiète : il y avait beaucoup de neige, et le vent glacé a creusé sur ses joues de grandes crevasses qui forment encore, me dit-il avec le sourire, de « jolis souvenirs ». Il est resté une journée sur place en espérant apercevoir le soleil, mais n'a vu que du brouillard. J'aime sa bonne humeur. Je l'écoute en faisant ma lessive, puis nous pique-niquons au bord de la rivière ; lui aussi trouve que la nourriture est affreusement chère. Nous nous donnons des astuces – pas vraiment miraculeuses – pour manger des mets goûteux et peu coûteux. Je lui parle du *gulost* (à neuf euros le kilo). Il me sort une boîte de filets de maquereaux à la sauce tomate (à huit euros le kilo). Bien que repartant chacun dans une direction opposée, nous convergeons tous les deux vers un même objectif : parcourir un petit bout du monde à la force de nos mollets – et envoyer les moteurs valser !

Les arbres disparaissent. Plus rien n'arrête le vent qui, en me freinant, m'oblige à mieux profiter des paysages. La route fend un manteau neigeux de plus en plus épais. J'ai l'impression d'être dans les Alpes avant l'ouverture des grands cols. Je me remémore de beaux souvenirs qui font resurgir des noms (Galibier, Iseran, Sarenne, Bonette, Izoard, Croix de Fer…) qui résonnent en moi comme les noms de bons vieux amis. Quelques années plus tôt, lorsque, partant de chez moi au petit matin, je passais des journées entières à pédaler pour atteindre ces cols alpins, je n'imaginais pas qu'un jour, j'irais à vélo jusqu'aux montagnes de Norvège. J'osais à peine en rêver. Et me voilà seul à batailler dans ces vastes contrées enneigées…

Une fois au col des Trolls, je m'aventure sur un balcon en verre, m'avance au-dessus du vide, et découvre un extraordinaire cirque rocheux entaillé par d'immenses cascades. Il y a aussi ces spectaculaires lacets dans lesquels je vais devoir me jeter. Dommage que le soleil ne parvienne pas à percer cet indéboulonnable couvercle gris. D'un autre côté, la tristesse des nuages n'a-t-elle pas aussi ses charmes ? Les nuages ne passent-ils pas sur un paysage comme des émotions sur un visage ? Sans eux, le monde ne serait-il pas aussi figé qu'un masque ? L'humeur chagrine de ce ciel donne à ce gigantesque décor une beauté ténébreuse qui ne peut qu'imbiber la pensée. Le vent, le gris, le froid et la pluie ont des vertus : ils rappellent aux humains leur finitude, et sèment ainsi, jusque dans les esprits les plus agités, une apaisante humilité ; humilité que les peuples latins, habitués aux fanfaronnades en maillot de bain, peinent à comprendre…

Mes patins de frein sont, à mon goût, trop usés pour attaquer la descente. Chahuté par les bourrasques, je cherche de nouveaux patins dans le fond de mes sacoches, puis tente de les installer. Comme d'habitude, la mécanique s'obstine à me contrarier ; comme d'habitude, les patins en caoutchouc n'entrent pas dans les rails des mâchoires de frein et se tordent dans tous les sens. Pour ne rien arranger, la tempête transforme mon vélo en girouette, et c'est évidemment le moment que choisit un touriste allemand pour venir converser. Me voir monter en danseuse avec un vélo aussi chargé l'a impressionné. Ce qu'il a préféré, ce sont mes grimaces qui lui ont rappelé les coureurs du Tour de France. Ses talents de mime sont modestes, et sa figure prend des formes aussi drôles qu'étranges. Son engouement me laisse méfiant : tout flatteur ne vit-il pas aux dépens de celui qui l'écoute ? Et en effet, plus soucieux de pouvoir illustrer des anecdotes à son retour de vacances que de m'aider à tenir ma bicyclette, il me demande s'il peut me prendre en photo. Son cliché me représentant accroupi – agrippant d'une main mon vélo et limant de l'autre un morceau de caoutchouc – ne me met vraisemblablement pas en valeur, mais quelle importance ?

Espérant que mes patins de frein resteront en place, je me lance dans la descente vertigineuse de la route des Trolls. Emporté par le poids de mon enclume, je peine à ralentir dans les virages. Mon angoisse me fait autant frissonner que le vent glacé glissant sur ma peau. Un improbable petit pont passe sous une énorme cascade, dont le souffle est si puissant que je dois poser pied à terre pour ne pas être renversé. L'eau fait un boucan assourdissant. Et je sors de cette douche géante tout trempé de gaieté. Plus loin, alors que le vent tente de me faire vaciller, le paysage – toujours aussi grandiose – piège mon regard, et me pousse à l'écart de trajectoire. Mais je tiens bon et quitte la route des Trolls tout ragaillardi.

Une fois la mer retrouvée, je fais une pause dans une station-service, histoire de me réchauffer et d'acheter des frites. Il ne faudrait pas que je m'habitue au luxe, mais un aussi beau col mérite bien une petite récompense. Je déguste mon cornet de frites face au jeune caissier qui a vraiment l'air de s'ennuyer à cette heure avancée de la soirée. Je conçois l'absence d'enthousiasme suscitée par la vente d'essence, de frites, de saucisses et de magazines. Qui rêve d'une telle jeunesse ? À force de devoir enchaîner *les boulots à la con*, il est normal que, sous le poids de la vacuité ou des cadences infernales, certains craquent et finissent soit par *vouloir tout casser* soit par *se barrer*. Même si cela déplaît aux médias les plus écoutés — et à ceux qui les possèdent —, refuser de participer à un système économique qui détruit le monde reste, au moins sur le principe, plus moral que d'y participer. Mais avons-nous vraiment le choix du refus ?

8. Ô frères vagabonds !

Le ciel se dégage sur l'Isfjord. Je goûte au délice d'être seul – absolument seul – à contempler, en ces moments où les cimes prennent une teinte orangée, ces beautés gigantesques oubliées de la civilisation. Peut-être que dans quelques siècles, voire dans quelques décennies, ces grands espaces ne seront plus sauvages, mais recouverts de béton, de carrières rocheuses, de plateformes pétrolières, d'oléoducs ou de je ne sais quoi. La Nature était bien partie pour se tracer une petite vie paisible qui aurait sans doute pu durer encore quelques milliards d'années, autant dire une belle éternité, jusqu'à ce que les hommes, ces êtres fiers, arrivent pour *tout foutre en l'air.*

Coincé entre les montagnes et la mer, je ne parviens pas à trouver un endroit plat pour bivouaquer. Contre toute attente, à près de minuit, j'attrape le dernier bac de la journée. Un homme de l'équipage me demande où je compte passer la nuit. Insouciant, je lui réponds que je verrai bien. Je sens son inquiétude et me rappelle qu'autrefois, effectivement, dans une situation pareille, ne pas savoir où dormir m'aurait tourmenté. Durant la courte traversée, je regarde rêveusement la mer. Les petites îles, qui la parsèment, forment des ombres chinoises sur l'horizon flamboyant.

Une fois allongé, je laisse ma tente ouverte pour profiter de la lumière du ciel qui, même au cœur de la nuit, ne s'éteint plus vraiment. Comme tous les soirs, avant de m'assoupir, je sors mon petit cahier pour faire durer le plaisir, pour revivre une aventure trop éphémère. N'ayant aucun interlocuteur sous la main, écrire est une façon de bavarder avec moi-même, ce qui est généralement moins fatigant que de parler aux autres – avec qui j'ai la fâcheuse tendance à ne jamais être *tout à fait* d'accord. Sans trop y croire, j'écris aussi avec le vague espoir de laisser une trace, de faire vivre mon cœur un peu plus longtemps que mon corps... L'idée que mes chers souvenirs puissent resurgir du néant, ne serait-ce qu'une fois, même par le plus grand des hasards, compte un petit peu. Pas besoin de trompettes pour faire renaître mes sentiments, il suffirait simplement d'un lecteur – d'un seul – ayant un cœur pouvant comprendre le mien.

36ᵉ jour
À peine réveillé, je saute dehors pour profiter d'un événement météorologique exceptionnel : le beau temps. Après toutes ces journées invariablement grises (parfois teintées, il est vrai, d'une petite touche orangée crépusculaire), j'ai du mal à y croire, mais le ciel est cette fois bel et bien bleu. Sur une petite route bucolique entourée de douces montagnes vertes et fleuries, mon idylle s'arrête face à un cadavre d'élan. Même dans des coins aussi tranquilles, *ces fichues bagnoles* font des ravages. J'examine l'anatomie de l'imposant défunt, notamment la forme des sabots, afin de savoir identifier les traces de l'espèce. Je le mettrais bien à l'écart de la route pour

le rendre à la Nature, mais l'animal pèse plusieurs centaines de kilos…

Comme un grand lac sans vagues, la mer ne s'enfonce plus dans les chaînes de montagnes, mais se fraie plutôt un chemin entre de petits plateaux vallonnés, ouverts et lumineux. Au loin, un mince filet de neige coiffe les reliefs que je traversais hier. Je passe de temps à autre devant une maison colorée. Un homme profite du soleil pour couper du bois. Pour garder le tempo, il écoute du Wagner à fond, ce qui ne suscite pas la moindre réaction de ses voisins, dont le plus proche est au moins à une heure de marche…

Avant Trondheim, l'une des rares folies urbaines du pays, la circulation s'intensifie. Paniqué, un élan sort brusquement d'un bosquet et passe si près de moi que j'évite d'extrême justesse la collision. Le flux continu de voitures me tape sur les nerfs, d'autant plus que de petites gorges rendent la chaussée très étroite. Je me suis si vite habitué aux routes désertes que j'accepte mal de retrouver un inconfort qui, en France, m'était coutumier. Je décide d'éviter la vaste agglomération en bifurquant sur une jolie route côtière en cul-de-sac. La disparition soudaine des voitures me soulage, mais s'il n'y a pas de bac cinquante kilomètres plus loin, je devrai rebrousser chemin.

Haute comme trois pommes, la modeste statue d'un champion olympique – médaillé dans ma ville de Grenoble en 1968 – me fait un petit clin d'œil… Les Norvégiens ne sont pas friands des grandes statues vieilles et moches qui arborent tant de centres-villes occidentaux. En matière de patrimoine architectural, ils ont moins de prétention que d'autres. Ils n'ont jamais exploité de vies humaines pour ériger des cathédrales, des châteaux, des pyramides ou je ne sais quel autre monument (souillé de sueur, si ce n'est de sang). N'en déplaise aux promoteurs bourgeois de l'UNESCO, le patrimoine naturel norvégien aura toujours beaucoup plus de valeur que nos vieux tas de pierres, symboles de siècles d'arrogance. Tous les glorieux monuments ne sont que des chimères que le temps réduira en poussière. Et les fjords survivront à Olympie.

Inutile de faire demi-tour, il y a bien un bac au bout de la route. Malgré un très beau sprint, je le rate de peu. En attendant de le voir revenir, je contemple l'océan et songe à la suite de mon aventure. Mon petit atlas me fait comprendre que je suis en train de quitter les grands fjords montagneux du sud de la Norvège pour aller vers des contrées que je peine à imaginer. Je me rapproche doucement du cercle polaire arctique, latitude au-dessus de laquelle le soleil d'été commence à ne plus se coucher. Que j'aime cette vie nomade qui, chaque jour, me fait découvrir un monde nouveau… J'évite, par contre, de penser à la fin de mon voyage : rentrer, ce sera mettre un terme à ma liberté pour, au mieux, choisir mes chaînes, au pire, ne pas les choisir. *Ô frères vagabonds ! Savourons l'ivresse de la liberté avant d'être condamnés à la détresse des sociétés.*

Puis commence une belle soirée en tête-à-tête avec la Nature. J'aperçois des renards, des chevreuils, et remarque un élan au fond d'une clairière. Je m'arrête le plus calmement possible. Tout tremblant, je sors mon petit appareil photo. L'élan fait quelques pas, se cache dans les feuillages, mais je vois encore sa tête qui dépasse. Je le perds, puis le retrouve en train de flâner dans la clairière suivante. Comme pour m'interroger, il me regarde régulièrement. Et je multiplie les clichés tous aussi ratés les uns que les autres. Je garderai toutefois précieusement les souvenirs sombres et flous de cette émouvante rencontre. La beauté d'une photographie est dans sa force d'évocation plus que dans l'esthétique de ses formes.

À minuit passé, sous un ciel complètement dégagé, j'installe ma tente près d'un lac orangé. J'aime m'endormir dans cette douceur polaire, au milieu des sapins et des secrets de la faune…

9. Les richesses de la lenteur

Une nouvelle fois, la pluie est un bon argument pour prolonger ma nuit. Vers midi, malgré sa persistance, je décide de plier le camp. Puis, emmailloté dans ma cape, je ne m'arrête plus, même pas pour grignoter un morceau. Pas le moindre abri en vue. Aucune échappatoire. Sous ces trombes d'eau, ne plus pédaler, c'est risquer l'hypothermie. Le paysage se résume à un désert dégoulinant de brume. La seule trace de vie humaine que j'observe est une barque portant deux pêcheurs aussi coriaces que fantomatiques. Après plus de six heures à pédaler de manière ininterrompue sous le crachin, un rayon de soleil se dessine enfin. Et, dans un halo de lumière, une petite maison perdue sur sa petite île m'inspire de jolis rêves. Au moins, en Norvège, je ne suis pas blasé par le beau temps, je sais l'accueillir avec la joie qu'il mérite.

S'ouvre ensuite un vaste plateau herbeux entouré de collines enneigées, mais plutôt que vers la beauté des paysages, mon attention se focalise sur mes bouteilles vides. Chahutés par les averses passées, les ruisseaux sont encore troubles si bien que je n'ose pas y remplir mes bouteilles. En somme, dans ce pays où l'eau coule partout, je redécouvre la soif des étés secs et brûlants…

Face à des montagnes posées sur leurs reflets, c'est au bord d'un lac oublié que je monte ma tente. À seulement vingt-trois heures, je suis loin d'être fatigué. Pour m'occuper, je change la chaîne de mon vélo, qui commence à être usée. Le geste technique est assez simple, sauf lorsque le maillon censé fermer la nouvelle chaîne refuse de s'emboîter, ce qui peut être nerveusement éprouvant, surtout aussi loin de la civilisation. Si je ne parviens pas à refermer ma chaîne, je ne pourrai plus pédaler, et il me faudra pousser mon vélo pendant des jours, car il est hors de question de faire du stop et d'enfreindre mon code de déontologie *by fair means*.

Mais pas de panique, le maillon s'emboîte, et ma petite soirée n'est pas gâchée. Je me lave très longuement les mains pour tenter de faire partir le cambouis – désespérément indélébile –, ce qui me laisse le temps de profiter des belles couleurs du couchant. En sautant, un saumon-gymnaste fait vibrer la surface de l'eau, dont les reflets orangés se brouillent en un camaïeu dansant. Puis un bruit étrange résonne, comme un cri strident et répété, une sorte de piaillement faisant frémir les décibels. Tout ce tapage provient d'une petite bête poilue qui nage frénétiquement en dessinant des cercles. D'abord émerveillé par l'observation d'une espèce rare et méconnue, je songe ensuite à un animal moins marginal : un ragondin norvégien ou une loutre ? Ces cris pourraient m'agacer, mais le fait d'avoir franchi le soixante-quatrième parallèle m'enchante tellement que je m'endors en ne songeant qu'au Grand Nord.

38ᵉ jour
Il pleut. Le ciel est profondément gris. La journée promet d'être typiquement norvégienne. C'est dans ces moments que je suis content d'avoir une tente spacieuse et lumineuse. Je peux ainsi traîner confortablement dans mon sac de couchage, m'entourer de mes cartes dépliées, les regarder en rêvassant, faire sécher mes vêtements au plafond… Seul dans les immensités silencieuses, casque aux oreilles, j'écoute du fado, et ma tente devient une bulle-parapluie, un cocon musical me faisant voyager dans les contrées autrement vallonnées du sentiment humain. La nostalgie portugaise se marie si bien aux chagrins du ciel norvégien…

Je profite d'une station-service pour remplir ma bassine d'eau chaude et faire ma lessive pendant que des automobilistes font la queue pour acheter des hot-dogs hors de prix dans ce qui est peut-être le seul commerce dans un rayon de cinquante kilomètres. Sur ces terres froides et sauvages, aller s'offrir un hot-dog à la station-service, c'est un peu comme aller au restaurant – faute de mieux.

Entre montagnes, cascades, fjords et forêts, je passe ma journée à guetter une hypothétique percée du soleil. Malgré la couverture parcellaire du réseau, je ne rate pas mon rendez-vous téléphonique du dimanche soir, vingt heures. En France, il fait si chaud qu'il est difficile de s'endormir. Le soleil brille quotidiennement. Seul sous les grisailles du bout du monde, j'ai la vague impression de passer à côté de mon été, d'un bel été en douce compagnie. Un été, c'est précieux. On n'en vit pas tant que ça, finalement. Peut-être même – qui sait ? – que je n'en connaîtrai pas d'autres. Garder à l'esprit que chaque été est possiblement le dernier me rend plus attentif aux délices de la belle saison, m'éloigne des futilités addictives.

Mieux vaut ne pas perdre de vue l'éventuelle précocité du dénouement d'une vie plutôt que de regretter de ne pas avoir su en profiter.

Les nuages se volatilisent. De grandes cascades, qui se jettent dans la mer, se teintent d'orange, puis de rose. Et sur le miroir du fjord apparaissent les reflets des cimes enneigées. Après avoir joué à cache-cache avec un élan, je finis par trouver un petit carré vert et douillet pour poser ma chambre ambulante. En l'absence d'obscurité, mon horloge biologique est toujours aussi déréglée, et je ne ressens pas de franche fatigue. J'en profite pour changer mes galets de dérailleur. Quoi de plus normal à deux heures du matin ?

39ᵉ jour

Lorsque je parcourais la Croatie, la Grèce ou la Turquie à vélo, je ne m'interrogeais pas sur la météo. Les journées ensoleillées se succédaient sans jamais faillir. En Norvège, c'est l'inverse : tous les matins, j'ouvre ma tente et découvre, sans surprise, un ciel encombré de nuages…

Remis en selle, un petit bruit me perturbe. Je cherche à l'identifier. Je crains que ce soit à nouveau un problème de boîtier de pédalier. Je commence à me faire du mouron, car remplacer une telle pièce promet d'être compliqué : y a-t-il ne serait-ce qu'un magasin de sport dans un rayon de cinq cents kilomètres ? Cet insolent cliquetis m'exaspère. Pour le faire taire, je suis prêt à démonter mon vélo. Mais, après de profondes réflexions, je comprends qu'il s'agit, en fait, du bruit d'un lacet dénoué qui tape contre ma bouteille d'eau.

Je n'ai plus rien à manger. Je suis affamé. Il se met à pleuvoir. Tout est réuni pour déprimer… jusqu'à ce que je trouve enfin un petit *marked*. Redoutant de ne pas en croiser un nouveau avant plusieurs jours, je remplis mes sacoches autant que possible, puis pique-nique à l'intérieur face à la caisse qui se transforme en scène de théâtre. Je n'y comprends rien, mais ces Norvégiens semblent tous très bien se connaître. Et j'envie ces liens humains qui contrastent avec la froideur des supermarchés de ma banlieue.

À Horn, le dernier bac de la journée a la gentillesse de m'attendre. Durant la courte traversée, le vent balaie les nuages pour m'offrir un grand ciel bleu faisant resplendir le fjord montagneux. Sur l'autre rivage, le relief est tellement accidenté que la seule route existante est un cul-de-sac menant à un autre bac. Pas de répit, je n'ai que quelques dizaines de minutes pour parcourir une vingtaine de kilomètres et attraper le deuxième bateau ; sinon je serai bloqué, et ma journée de vélo se terminera à seulement vingt et une heures, ce qui serait terriblement frustrant, qui plus est, sous ce soleil qui décide enfin de se montrer. Le décor de mon contre-la-montre est d'une rare splendeur : d'un côté, l'horizon océanique saupoudré des petites îles de l'archipel de Vega ; de l'autre, de grandes montagnes infranchissables habillées de cascades et de glaciers. Appuyant sur les pédales de toutes mes forces, je me sens galvanisé par tant de beautés, mais aussi un peu triste d'aller si vite…

Le regard a besoin de temps pour percevoir les détails d'un paysage. La vitesse appauvrit le monde autant que la lenteur l'enrichit. Et j'en veux à cette société moderne qui substitue à la rêverie le besoin de performance, qui pousse les êtres humains à courir partout, constamment. Désormais, même en montagne, territoire de contemplation par excellence, les rubans publicitaires fleurissent, et des sportifs se mettent à courir, à se chronométrer, à bousculer les randonneurs, allant parfois jusqu'à effrayer de fragiles chamois pour gagner une poignée de secondes ou doubler un adversaire. Entourés de merveilles, ils préfèrent regarder pendant des heures leurs pieds et leur montre, et ne prennent même plus le temps de se poser dix secondes pour admirer un paysage méritant des heures d'attention. Cette insensibilité est le fruit d'une société qui régresse. Le dix-neuvième siècle a vu naître la douceur de l'impressionnisme, la poésie de Baudelaire et de Rimbaud, les romans de Balzac et de Flaubert ; le vingt et unième siècle a eu le mauvais goût de transformer des montagnes entières en stades publicitaires… Les assiettes ont changé ; les enfants grandissent différemment ; et chaque époque engendre les citoyens qu'elle mérite. Comme un leitmotiv contemporain, *le toujours plus* épuise l'humanité, entre autres choses. Et plutôt que de comparer nos muscles et nos chronos, nous ferions mieux de nous arrêter, et de contempler la Nature qui nous entoure. À la compétition, préférons la rêverie ; le monde en sortira grandi.

Le souffle court, j'attrape le bateau. Sous les lumières flamboyantes d'un coucher de soleil qui s'éternise, commence ma sublime traversée de l'archipel de Vega. Je craignais de ne voir les paysages de Norvège que sous les nuances grises des nuages. Tout d'un coup, c'est l'explosion de couleurs ! Sous un grand ciel pur, l'azur de la mer se mélange au rose et au vert des petites îles, au bleu et au blanc des grandes montagnes… Quel merveilleux tableau ! Comme une récompense inespérée, la beauté de la Nature surpasse celle de mon imagination. Tout excité, je cours dans tous les sens sur le pont du navire pour admirer ces paysages qui défilent, ces îles qui apparaissent et disparaissent, ces cimes enneigées et dentelées qui grandissent et s'affinent.

Puis le bac arrive dans le village assoupi de Tjøtta. Bien au chaud dans la petite *venterom*, je déguste mon maquereau à la sauce tomate étalé sur mon pain polaire (*polarbrød*), tout en contemplant mélancoliquement le ciel rouge sang. Je me dépêche de m'endormir, car je souhaite me lever tôt pour goûter à nouveau et aussi vite que possible aux délices ensorcelants de l'été norvégien.

10. Le cercle polaire

Sous des nuages épais, le paysage gris et morcelé a l'allure d'un vieux champ de bataille abandonné. Pour ne rien arranger, le vent glacial et lancinant me tord les boyaux. Au milieu de nulle part, je me réfugie derrière mon vélo et me recroqueville pour soulager les spasmes. Moralement vaincu par la lourde pesanteur de cette impitoyable atmosphère, je me sens très seul. Comme le soleil me manque ! D'un autre côté, le cap Nord se mérite, et s'il ne fallait pas se battre pour l'atteindre, mon aventure manquerait de piment.

Par de langoureux lacets, j'entre dans les nuées, et la neige prend le pas sur la végétation. Trop peu détaillé, mon petit atlas ne me permet pas de connaître l'altitude du col. Jusqu'où vais-je devoir grimper ? Je commence à avoir froid. La multiplication des plaques de verglas m'inquiète. Pourvu que je ne me casse pas la figure ! Puis c'est la bascule. En un souffle, la brume se dissipe… et sous un grand ciel bleu apparaît un gigantesque lac de mer, qui est comme blotti dans le creux de montagnes enneigées ; montagnes dont les sommets couverts de glaciers reflètent la lumière éblouissante du soleil. Que je regrette de ne pas savoir peindre !

Par une basse corniche, la route, toujours aussi déserte, épouse la géométrie tourmentée du littoral. M'approchant du cercle polaire, le climat devient trop rigoureux pour la quasi-totalité des espèces d'arbres ; seuls subsistent de chétifs arbustes perdus sur un vaste tapis de mousses et de lichens nommé *toundra*. Alors que je photographie une cascade se jetant d'un glacier vers la mer, surgit un drôle d'élan aux bois pelucheux. Plus petit et plus clair que ses congénères précédents, il avance très bizarrement. Quel animal pataud ! Et surtout, il ne s'enfuit pas et semble peu craintif. Intrigué, il s'arrête longuement pour me regarder. Il s'approche, s'éloigne, s'approche, puis s'éloigne, avant de reprendre son repas comme si de rien n'était. Je finis par comprendre... Un sourire me monte aux lèvres, et je lance aux immensités : « Mon premier renne ! »

Sur de petites îles reposent de jolies maisons en bois. À la manière d'une marmotte qui hiberne, j'aimerais y vivre en plein hiver, dans la neige, sous le ciel pur et étoilé du pôle. Loin, bien loin du brouhaha contemporain, assis près de ma cheminée face à une fenêtre donnant sur la nuit polaire, je pourrais, dans la chaleur d'un bon livre, voyager sans être dérangé ou alors rêvasser en contemplant les aurores boréales et les grands tourbillons glacés.

Alors que la nuit n'existe plus vraiment et que naît un jour nouveau, j'ai beaucoup de mal à m'arrêter. Je suis si près du cercle polaire qu'il est désormais en point de mire. Mes yeux caressent enfin mon rêve. Je dois toutefois patienter avant de franchir cette ligne imaginaire, car le relief à venir est trop accidenté pour être traversé par une route. Pour basculer dans le monde polaire, il me faudra emprunter un bac qui, à coup sûr, ne circule plus à ces heures tardives. Cédant à la fatigue, je choisis le premier spot de bivouac venu. Il fait plutôt bien l'affaire : trônant sur un balcon couvert de lichens bien moelleux, ma tente surplombe un vaste fjord, dont les sommets montagneux sont coiffés de gros nuages laineux, qui ressemblent à de vieux bonnets de nuit. Et je m'endors libre et heureux dans les immensités sauvages…

41ᵉ jour
Peu soucieux de ma présence, trois rennes dessinent tranquillement d'étranges zigzags sur la route. De peur de les déranger, je n'ose pas les doubler. J'attrape tout de même le bac. Sur le pont supérieur du navire, je discute avec un jeune couple norvégien. Idun et Magnus voyagent en camping-car. Ce sont des méridionaux, ils viennent d'Oslo. Ils m'expliquent que plus loin, un long tunnel est interdit aux vélos, et que je risquerais de m'y asphyxier. Peu enthousiasmé par cette perspective, je prends note de la possibilité de le contourner en suivant les circonvolutions du littoral. Magnus me colle une paire de jumelles aux yeux pour me faire découvrir un grand globe en acier posé sur le rivage. Nous sommes sur la ligne du soleil éternel.

Pas de bol ! Après ces milliers de kilomètres *by fair means*, j'aurais préféré franchir le cercle polaire sur mon vélo plutôt que sur un bateau. Néanmoins, il n'y a pas de route, et je n'ai pas vraiment le choix. Idun me demande d'où je suis parti. Magnus appelle leurs amis, et c'est ainsi que je me retrouve au cœur d'un petit attroupement. Avec un sourire crispé mêlant gêne et fierté, je tente de répondre à des questions plus ou moins cocasses, mais j'ai la tête ailleurs. Au cours de ma petite vie, j'aurai au moins conquis, à la force de mes mollets, Istanbul, le cap Ténare et le cercle polaire. Certes, rapportés à l'échelle de la planète, du système solaire ou d'une galaxie, ces voyages sont plutôt anodins. Mais mine de rien, ce sont des choses qui peuvent compter dans le bilan d'une existence. D'un autre côté, quelle importance ? En un simple souffle, la mort n'efface-t-elle pas toutes nos gloires ?

Tantôt dans le brouillard, tantôt sous les nuages, je pédale de longues heures sous une pluie cinglante. Les vents contraires me fouettent le visage. Je m'arrête régulièrement pour me réchauffer les mains. Baignant dans mes chaussures gorgées d'eau, mes pieds sont frigorifiés. Je n'ai pour compagnie que de rares trolls en bois qui contemplent, avec des sourires inopportuns, ces vastes paysages unissant la tristesse du ciel à la tristesse de la mer... Dans cette atmosphère morose, gagné par la fatigue, peut-être aussi par la lassitude, je me convaincs, pour une fois, qu'il est inutile de pédaler jusqu'à une heure tardive. C'est alors que je remarque, dépassant des dunes, un modeste toit recouvert de grandes herbes et de petits sapins. Je vais y jeter un œil, et découvre, sur une plage sans fin, une belle cabane en bois à trois murs. Je m'y abrite en profitant d'un large panorama qui s'étend de l'horizon océanique aux montagnes rocheuses du fjord. Pouvais-je rêver d'un meilleur refuge pour poser mon matelas ? Je dîne en scrutant les flots dans l'espoir d'apercevoir un phoque, un dauphin... ou pourquoi pas une baleine ? Je suis idéalement placé pour observer le soleil de minuit, mais les nuages ne semblent pas vouloir se disperser. Et je comprends que je ne verrai ce soir ni soleil ni animaux marins. Le vent cesse. J'aime ce grand calme qui lui succède. Puis, dans la chaleur de mon duvet, je m'endors en me laissant bercer par la mélancolie des vagues.

42ᵉ jour
Réveillé par une averse, je savoure le confort de ma cahute et replonge dans mes rêves. Rien ne presse puisque, ayant franchi le cercle polaire avant le solstice d'été, je suis d'ores et déjà au rendez-vous. Pour voir le soleil de minuit, je n'ai plus besoin de parcourir des milliers de kilomètres. Il me suffit d'un petit coup de chance, d'une simple minute sans nuages. Vers midi, la pluie s'interrompt. Je me lève tranquillement en profitant d'improbables éclaircies qui, à la manière d'un sourire sur un visage, embellissent le paysage. C'est alors que je remarque une femme se promenant sur ma plage déserte. Pendant que je termine de me brosser les dents, Monika engage la conversation... Elle vit dans une maison isolée derrière la dune. Je me demande quels sont les métiers des rares habitants de ces contrées : la pêche, la couture, la peinture, quoi d'autre ? Selon Monika, le mauvais temps ne devrait durer que quelques jours. Involontairement, elle crée en moi un sentiment d'injustice en me parlant de la semaine passée durant laquelle le soleil a brillé quotidiennement, alors que plus au sud, j'affrontais la pluie et la grisaille. Pourquoi, après avoir tant pédalé, n'ai-je pas le droit de voir ces montagnes – que je ne reverrai sans doute jamais – sous un grand ciel bleu ? D'un autre côté, cette frustration me donne déjà envie de repartir à la conquête des trésors que les nuages ont osé me cacher. Au fond, ce sale temps est peut-être un mal pour un bien. Grâce à lui, je ne suis pas blasé, et ma soif des fjords n'est pas étanchée. Ne pas assouvir un désir n'est-il pas le meilleur moyen de le sublimer ?

À peine reparti, de gros nuages débordant de larmes envahissent l'atmosphère. Bravant un brouillard peu inspirant, je me refuse à aligner des kilomètres pour aligner des kilomètres. Ma journée de vélo sera donc brève, et tant pis pour mon compteur ! Bien décidé à attendre le retour du soleil, je monte ma tente près d'un grand lac. Puis, sous le crachin incessant, je me balade dans les tourbières humides en enjambant de minuscules ruisseaux qui s'entremêlent. Cherchant des élans et des rennes, je n'en trouve que des traces supposées. Dans ces immensités, la vie semble si riche et si paisible que je me sais plus heureux sous cette douce pluie que sous les tourments d'un soleil pris d'assaut par les foules.

Mon regard plonge dans les détails de la végétation rase ; et je me plais à étudier cette toundra si mystérieuse. Je crois reconnaître des bouleaux nains, pas plus hauts que ma cheville mais plus vieux que mes os. Il y a aussi des feuilles de mûriers arctiques, mais il est encore trop tôt pour déguster leurs petites baies orange. Avec nostalgie, je me remémore nos cueillettes dans les forêts suédoises... Elle m'apprenait à reconnaître les arbres... Nous mangions des mûres et des chanterelles... De retour dans ma tente, au bord de mon lac, entouré de mes cartes, j'écoute un peu de musique, écris et rêvasse... Les célèbres îles Lofoten sont désormais toutes proches, plus proches malheureusement que les beaux jours.

43ᵉ jour

Sous un soleil inespéré, le ciel bleu et les montagnes blanches se reflètent dans les eaux cristallines de mon grand lac. Dans ce décor rêvé, je respire, sans mon bonnet, le grand air de la liberté, et me remets à croire en l'été. J'ai presque chaud, mais mon idylle ne dure pas. Pendant que les nébulosités bourgeonnent sur les sommets, le souffle de l'océan, qui se réveille brusquement, amène (de je ne sais où) tout un tas de nuages, et c'est ainsi que reprend l'habituel défilé des masses grises et cotonneuses...

Un pont spectaculaire enjambant le plus grand *maelström* du monde (tourbillon issu du mélange des eaux salées de l'océan et des eaux douces des montagnes) me fait passer des terres sauvages à la civilisation. Et c'est à contrecœur que je me jette dans l'agglomération de Bodø. Je tâche de m'y attarder le moins possible. Arrivé au port, je cherche les horaires des ferries pour les îles Lofoten. Une femme en gilet fluo m'interpelle : *"Moskenes? Straight! Be quick!"* Où est Moskenes ? Je consulte ma carte : sur les Lofoten ! Hop, c'est parti ! J'embarque sur le dernier bateau de la journée...

Le vent frais et le ciel gris dissuadent bon nombre de passagers de sortir sur le pont du navire. Et c'est seul, accoudé à la rambarde, cheveux au vent, que je regarde s'éloigner les belles montagnes dentelées du continent, tout en découvrant un océan parsemé d'innombrables petites îles. Un grand gaillard vient troubler ma solitude. Étudiant à Bodø et natif des Lofoten, Jonas emprunte ce ferry toutes les semaines. Perspicace, il devine (à la simple vue de mon cuissard) que je voyage à vélo, avant de me demander quel itinéraire je compte suivre sur l'archipel. C'est une question à laquelle, naturellement, je ne sais pas répondre. Jonas me conseille de faire un détour par Å (qui se prononce plutôt « O » que « A », me semble-t-il). Ce beau village de pêcheurs, où a vécu son grand-père, ne saurait me laisser insensible... Jonas m'invite à guetter la surface de l'océan, car les baleines (que son grand-père pêchait) aiment les fonds marins des

Lofoten, où elles peuvent descendre de plusieurs centaines de mètres pour se nourrir. Il m'explique ensuite que la traversée de Bodø à Moskenes est magnifique par temps clair, et que rien n'est plus *amazing* qu'un coucher de soleil sur les îles Lofoten vu de ce bateau. Comprenant que je n'admirerai sans doute jamais le spectacle dont il me parle, je me sens devenir mélancolique… Puis, agacé par cette fichue grisaille, je rejoins les passagers assis au chaud pour ingérer un pauvre maquereau en surveillant le chargeur de mon appareil photo.

11. Lofoten

À travers la brume, comme une île fantôme, se dessine peu à peu la silhouette échancrée d'une énorme chaîne de montagnes, dont les cimes, frappées par les nuages, ressemblent aux sommets les plus inaccessibles des Alpes. Plus je m'en approche, plus l'inhospitalité, le mystère et la démesure des îles Lofoten m'envoûtent. Et je me surprends à rêver au tournage d'un grand film fantastique ; j'imagine des mouvements de caméra ; je songe même à un scénario. Nous débarquons.

Les voitures se dissipent presque instantanément. Ma route longe le littoral sous des falaises vertigineuses entaillées, ici et là, par des vallons étroits et verdoyants, où coulent des torrents ravageurs. Sous un ciel sombre et assommant, Å, village le plus occidental de l'archipel, est en pleine léthargie. Entre la roche et la mer, de petites maisons en bois sont agrippées à des pilotis. Sans doute pour être mieux vues dans le brouillard, toutes sont peintes en rouge. Des milliers de morues sèchent sous les regards de mouettes nichant sur les toits. Si vus de loin, ces grands séchoirs peuvent paraître jolis et folkloriques, il n'en demeure pas moins que de plus près, ces enfilades de cadavres en décomposition sont atrocement glauques. Derrière le village, une petite dune herbeuse, caressée par la bise, fait face à un cap titanesque dont le sommet est si haut qu'il se perd dans les nuages. Ce cap hostile et rocailleux semble lutter, depuis toute une éternité, contre le déchaînement des vents et des vagues... Face aux tragiques beautés de ce bout du monde, je crois mieux comprendre le sens du mot *extase*.

Retournant vers l'est, je contourne un long tunnel par une ancienne route parsemée d'éboulis, et découvre ainsi une grande baie oubliée. J'y installe ma tente. Dans le calme du soir, alors qu'il n'y a plus un brin de vent, plus une vague, et que je me brosse les dents face à l'océan, des nageoires apparaissent... Mon cœur bondit : des dauphins ! Ils vont sous l'eau, puis remontent. Ils sont étrangement noirs, et surtout, leurs nageoires sont vraiment très grandes... Mon cœur explose : ce sont des orques ! Je distingue quatre nageoires dorsales, dont deux de taille plus modeste qui appartiennent sans doute à des petits. Bien que je peine à y croire, une famille d'orques traverse ma baie sauvage... Et je les entends expulser de grands jets d'eau qui brisent le silence des immensités. Je suis à la fois émerveillé et triste ; triste car ce moment magique va déjà prendre fin et ne se reproduira plus. Comme ils sont beaux sous ce ciel chargé de nuages roses ! Je ne veux pas manquer une seconde de cet émouvant spectacle. Et, ma brosse à dents encore en bouche, je cours pour rester avec eux, saute de rocher en rocher, avant de les regarder disparaître vers l'horizon...

44ᵉ jour
À midi, malgré le déluge, je me décide enfin à replier ma tente. Finalement, il faisait plutôt beau hier soir. À Reine, village aussi joli qu'embrumé, je tourne dans les rayons d'un petit magasin pour me donner l'illusion de sécher… Puis je repars sous une pluie battante… Je suis tiraillé, d'un côté, par le désir d'aller vite pour trouver un nouvel abri, de l'autre, par la volonté d'aller doucement pour attendre que le soleil revienne éclairer les paysages-vedettes qui m'entourent. Pour tenir bon, je m'efforce de croire en la transcendance de cette lutte contre les éléments… Enfin, je fais ce que je peux.

Après de longues heures d'humide solitude, je m'arrête dans le *marked* de Ramberg, où une petite salle chauffée est aménagée pour les désespérés de mon espèce. Je me nourris de *gulost* et de *polarbrød* en rêvant de thym, d'olives, de romarin et de cerises. Gros sacs sur le dos, six marcheurs débarquent. Dégoulinants, ils s'installent à mes côtés pour manger un morceau. Crasseux et résignés, ils semblent sortir du tournage d'un film sur les tranchées de Verdun. Arrivés en avion pour traverser les Lofoten à pied en onze jours, ils randonnent sous la pluie depuis le début, et m'expliquent que j'ai de la chance, car en pédalant au bord de l'océan, je suis régulièrement *sous* les nuages, alors qu'en marchant sur les hauteurs, ils sont constamment *dans* les nuages. Contre la déprime, savoir relativiser est souvent la solution la plus simple, la plus efficace et la moins onéreuse ; j'apprécie leur piqûre de rappel. Leurs tentes sont trempées (comme tout le reste). Le froid et l'humidité les épuisent. Ils cherchent des moyens de dormir au chaud, et sont sur le point de céder au confort du porte-monnaie. Encore trois jours à tenir. Ils gardent espoir.

Sous un ciel toujours aussi sombre, ma route fend de vastes étendues de toundra ; au-delà desquelles, dunes et plages de sable blanc courent jusqu'à l'océan. Personne à l'horizon. Pas un mur. Pas une voiture. La tristesse de ces terres désolées est si belle... Plus je ferai de détours sur les îles Lofoten, plus j'y resterai longtemps, et plus la probabilité de voir un rayon de soleil caresser ces paysages convoités sera élevée. Malgré la pluie, je décide donc de faire un long détour vers un village de pêcheurs situé dans un cul-de-sac. Pour cela, je me lance dans une ascension brumeuse et enneigée...

Puis c'est tout grelottant que je bascule vers Nusfjord. Encerclé de falaises briseuses de tempête, ce village tout en bois se mêle à un charmant petit port. Je n'y croise aucun être humain. Les lieux sont cependant loin d'être déserts puisque des centaines de mouettes couvent des nids (sur les toits, sur les mâts, sur les rebords des fenêtres ; un peu partout, en somme). Il y en a tellement qu'elles ont refait la peinture des maisons. Sous cette avalanche de regards, je crains de me faire attaquer à nouveau. J'avance avec méfiance. Si les mouettes décidaient de se liguer contre moi, elles pourraient me dévorer. Fort heureusement, elles paraissent surtout intéressées par les séchoirs à morues. Au loin, sur l'Atlantique, le ciel se dégage, mais ces bougres de nuages semblent bel et bien décidés à rester accrochés aux sommets des Lofoten.

Un peu plus tard, dans un lagon himalayen, c'est sur un matelas de mousses moelleuses que j'installe ma petite chambre ambulante. Après cette froide journée, quel délice d'enfin me blottir dans mon duvet ! Cependant, je ne suis pas vraiment rassuré... Sous les bourrasques, les frêles arceaux de mon abri se lancent dans de périlleuses acrobaties. En cassant, ils pourraient éventrer la toile. Je n'ose pas imaginer la suite. Pourvu que ça tienne !

45ᵉ jour
En ouvrant ma tente, je découvre dans le ciel des taches bleues qui, en grandissant, arrachent les étoffes accrochées aux cimes. Tout en se laissant ainsi déshabiller, les montagnes forment, dans un jeu d'ombres et de lumières, un cercle gigantesque autour d'un grand lac de mer. Ne craignant pas les tiques qui, à ces latitudes, n'existent plus (du moins, paraît-il), je marche avec insouciance sur le trampoline des mousses molles et chatoyantes pendant que de petits nuages continuent à valser avec le soleil. Loin des ravages de l'architecture, une journée qui commence dans la Nature est une journée qui commence bien ; si, en prime, le beau temps et un merveilleux paysage s'invitent au rendez-vous, cette journée devient une promesse de bonheur, capable de recouvrir les plus lourdes langueurs des plus belles couleurs.

Très vite, les nuages lancent un nouvel assaut, et ma joie se condense en mélancolie... Dégagé du relief, l'horizon devient océanique ; ce qui est rare en Norvège (y compris sur les Lofoten), tant les montagnes sont omniprésentes. Beaucoup plus sensibles aux marées que dans le cœur des fjords, les plages sont soudainement envahies de coquillages et d'algues... Et l'iode me chatouille les narines... Que j'aime ce petit parfum de Bretagne ! Pour m'abriter de la pluie, je finis par trouver une avancée de toit dépassant d'une maison à l'abandon ; sous laquelle j'ouvre une boîte de filets de maquereaux en rêvant d'une belle crêpe et d'une bonne bolée de cidre.

Un pont suspendu m'invite gentiment à passer d'une île à l'autre. Tout confiant, je m'y lance gaiement, mais je déchante rapidement. Le vent souffle si fort que je mets pied à terre. En une poignée de secondes, l'air se change en brume, tout disparaît, et une pluie torrentielle inonde la route. Bref, après quelques heures tourmentées, apparaissent, sous de chaudes couleurs, des sommets enneigés surplombant un bras de mer saupoudré de petites îles. Les hautes latitudes ont revêtu les habits des hautes altitudes ; et ces paysages – bien que marins – me rappellent tous ces grands lacs se baladant autour des cols alpins ; et je me souviens de mes premiers émois cyclistes, de ma traversée de la Suisse…

Arrivé au bout de la route, sur le quai du bac que je prendrai demain, la lumière du ciel est si douce, le monde si calme que je n'ai pas envie de m'arrêter. Malgré l'heure, je décide donc de faire un détour par une route en cul-de-sac longeant le littoral du Morfjord. Je découvre alors une eau cristalline caressant des plages de sable blanc. Les lagons antillais se seraient-ils invités dans le creux des montagnes norvégiennes ? Voyant en moi une menace pour ses œufs, une mouette m'attaque et me poursuit un bon bout de chemin. Après l'effroi, je relativise : en Roumanie, je faisais des sprints pour distancer des meutes de chiens ; en Norvège, mes prédateurs se limitent à quelques mouettes. Craignant d'être englouti par la marée, je plante ma tente au-dessus d'une plage, sur les mousses d'une tourbière cabossée. Comme souvent, je ne dormirai pas vraiment à plat, mais peu importe.

Ces territoires sont parmi les moins peuplés du monde. Peu d'endroits offrent un ciel aussi pur, aussi peu pollué par les lumières artificielles. Je suis dans un lieu rêvé pour observer la Voie lactée. Le seul petit bémol est le calendrier : à cette saison, il ne fait jamais nuit, et toutes les étoiles restent invisibles. À deux heures du matin, il fait si clair que je ne me sens toujours pas fatigué. J'en profite pour étudier la végétation et chercher des mûres arctiques. Après avoir contemplé un bel arc-en-ciel, une fine pluie me ramène sous ma tente, où, malgré l'ivresse des immensités, je me voile les yeux pour essayer d'être rattrapé par le sommeil.

46ᵉ jour
Retournant vers le bac, je repasse devant la mouette, toujours aussi en forme, qui me pourchasse encore un bon kilomètre. J'ai peur de me prendre un coup de bec. Je me protège les yeux en appuyant à fond sur les pédales, tout en imaginant la scène filmée par Alfred Hitchcock, puis par Charlie Chaplin.

Alors que j'attends le bac à Fiskebøl, un cycliste arrive avec un vélo bien chargé. À son accent, je devine instantanément que Gaël est français. Il a une trentaine d'années. Son grand corps fluet semble avoir été façonné par les mains fragiles de sa timidité. Il y a quelques jours, son avion a atterri à Bodø. Son objectif est de pédaler jusqu'à Tromsø, sept cents kilomètres plus au nord, où il compte repartir en avion. Nous embarquons ensemble, puis discutons au chaud autour d'une table en regardant défiler cette grisaille aussi tenace que désolante. Gaël fait attention à ce qu'il dit, il écoute ce que je dis, et a des rêves que je comprends. Il a bataillé dur pour obtenir ses trois semaines de vacances. Son travail « derrière un écran d'ordi » le « soûle un peu, mais il faut bien gagner sa vie », et ce, même si son « boulot consiste à créer des machines qui permettent de supprimer d'autres boulots ». *Époque à la con !* Il rêve de devenir berger.

Très organisé, il connaît déjà dans les détails l'intégralité de son itinéraire, ce qui contraste avec ma tendance à tout décider au jour le jour. Il va se chercher un café. Je me demande s'il sait qu'en Norvège, un café coûte aussi cher qu'une coupe de champagne en France. Après trois jours en Bretagne et dix jours en Écosse, c'est son troisième grand voyage à vélo. Il aime vraiment la pluie. Pour lui, rien ne vaut les Lofoten, même sous les nuages… En l'écoutant parler de son goût pour la solitude, pour la liberté, pour les grands espaces, je retrouve cette petite musique que j'aime tant, mais que j'entends si rarement. Dans la cacophonie de nos sociétés, une sonate aussi douce ne dispose sans doute pas d'assez de silence pour se faire entendre. J'espère qu'un de ces jours, je recroiserai le chemin de mon ami breton…

12. Vesterålen

Ma route traverse des prairies fleuries qui bordent un vaste lac océanique ; sur lequel flottent des chaînes de montagnes qui sont si proches les unes des autres que je ne comprends plus vraiment si je suis sur les îles Lofoten, sur les îles Vesterålen (dont Gaël vient de m'apprendre l'existence) ou sur le continent. À maintes reprises, les giboulées s'amusent à me faire enfiler, puis enlever mon poncho de pluie… Le ciel finit par se lasser de ce petit jeu intermittent pour m'offrir une bonne grosse rincée scandinave, bien partie pour durer. À Sortland, la ville du jour, je cherche un abri. Quoique fermé, l'office du tourisme me donne accès à une cage d'escalier chauffée. Je profite de ce luxe inespéré pour m'installer sur une marche, et mâcher de réconfortants marshmallows en lisant un prospectus sur les baleines, puis un autre sur les déchets en plastique. Au bout d'un moment, forcément, je ne trouve plus grand-chose à lire, et me sens obligé de repartir sous le déluge. C'est alors qu'une jeune femme descend les escaliers en courant…

Le bleu de ses yeux est aussi éclatant que le rose de sa veste en Gore-Tex. Liv pétille. Elle m'explique qu'avec cette pluie, elle n'aimerait pas faire de vélo. Je peux la comprendre. Lorsque je lui dis d'où je viens, elle me demande si je suis vraiment sérieux. Elle rêve de voir Paris. Je tente de la convaincre que la vie est plus belle sur son île : la capitale de la France est une ville grise, bruyante, irrespirable, oppressante, alors que Sortland est beaucoup plus tranquille – trop tranquille à son goût. De mon côté, je rêve de voir des aurores boréales. Elle me répond qu'en observer est courant, surtout en hiver, puis tente de me convaincre que la vie est plus belle dans mon pays : « Sur les îles Vesterålen, les hivers sont trop rudes. Avec le froid et les nuits sans fin, tout le monde déprime... » Nous sommes d'accord sur une chose : le bonheur est ailleurs.

Liv a une chambre d'amis, et me propose de dormir chez elle. J'apprécie sa gentillesse autant que son joli sourire. Cependant, je ne veux pas la déranger. J'ai peu de kilomètres au compteur aujourd'hui, et il est à peine vingt heures. L'idée de terminer si tôt ma journée est trop frustrante. Hors de question de m'encroûter ! Je me dois d'opter pour l'aventure plutôt que pour le confort. En vérité, si Liv avait eu l'impolitesse d'insister un peu plus, j'aurais peut-être eu la faiblesse de céder... J'oriente ensuite la discussion vers des sujets plus fondamentaux : les élans, les baleines et les orques.

J'ai le choix entre passer par l'île d'Andøya, plutôt plate, et traverser une chaîne de montagnes. J'opte naturellement pour la deuxième solution. Le vent soulève ma cape, et la pluie s'insinue partout. Gorgé d'eau de la barbe aux chaussettes, je me sens aussi mouillé qu'une crevette. En plus, il fait froid. Je tremblote. Comment vais-je sécher ? Je ne pourrai pas monter ma tente sans inonder la chambre intérieure. Je désespère. Pire, le relief est si accidenté qu'il n'y a absolument aucun spot de bivouac. Je pose mon vélo pour descendre dans les herbes glissantes jusqu'à ce qui ressemble d'abord à une cahute, ensuite à un cadavre de carrosserie. Je ne vais quand même pas dormir dans ce tas de rouille ! En prime, je manque de me tordre la cheville. Et comme si tout cela ne suffisait pas, je m'aperçois que mon shampooing s'est ouvert dans l'une de mes sacoches, désormais remplie de bulles. Quelle galère ! Et dire que je pourrais être au sec chez Liv. J'aurais sûrement pu en profiter pour enfin prendre une douche chaude, puis, autour d'un bon plat, nous aurions parlé de chamois et de bouquetins, de rennes et de dauphins. Mais non, je suis trop abruti pour avoir du bon sens ! Il faut toujours que j'opte pour ce fichu panache qui m'a mis tant de fois dans des situations pénibles, voire périlleuses.

Comme des cascades intarissables, des rideaux de pluie continuent à se jeter des nuages. Mais j'y crois : dans les parages, il y a forcément une cabane qui m'attend. Il le faut ! Je cherche tellement que je trouve un vieux panneau à l'abandon sur lequel est encore visible un plan des chemins forestiers. C'est gagné ! Il y a une *gapahuk* dans la forêt. Je m'efforce de mémoriser le plan, d'estimer les distances. Je pousse mon vélo sur des pentes boueuses (et remarque, par la même occasion, quelques crottes d'élan, porteuses d'espoir). Je tourne à gauche, à droite, à gauche, encore à gauche, à droite, puis arrive enfin sur le petit plateau au centre duquel demeure la belle cabane en bois dont je rêvais.

Ayant trois murs (et un toit), mon refuge me permet d'installer mon matelas au sec, tout en restant au cœur de la Nature. Au premier plan, une vaste tourbière laissant entrer la lumière ; au deuxième plan, la forêt profonde et mystérieuse ; au dernier, de belles cimes aussi enneigées qu'inatteignables.

C'est une fois que je suis abrité, évidemment, que la pluie se calme. J'entends alors des chants de tétras-lyres, ce qui me rappelle mes bivouacs sur les hauts plateaux du Vercors. À mon retour de voyage, il me faudra affronter mille chagrins, mais pour me réconforter, de belles immensités resteront à ma portée... sauf si, au nom du *sacro-saint développement économique*, un sale enquiquineur décide de couler du bitume sur mes rêves.

Je crois entendre de petits bruits. Bientôt minuit, l'heure idéale pour observer la faune... Je ne bouge plus, me fais le plus discret possible. L'animal approche. Mon cœur accélère. Son pas semble léger. Serait-ce un renne ? Un renard ? C'est un chien... qui précède un homme, sorti de je ne sais où. Mon congénère a une grande barbe, un bonnet et des cheveux gris qui partent dans tous les sens. Je suis un peu gêné, car mes affaires dégoulinantes sont étalées dans toute la cabane... Sympa comme tout, il me dit qu'il n'y a aucun problème, que « la France, c'est super », et que « normalement, dans deux jours, la pluie, c'est fini », avant de me souhaiter *god natt* et surtout *lykke til*. Je ne m'emballe pas. L'expérience m'a appris à me méfier des prévisions météorologiques optimistes, surtout en Norvège. Le scénario est toujours le même : le beau temps est d'abord censé arriver, puis l'anticyclone tant attendu commence à s'essouffler, avant d'être rattrapé par une dépression ; et au final, rien ne change : jour après jour, les nuages succèdent aux nuages...

47ᵉ jour
En cette nouvelle matinée pluvieuse, tout emmitouflé dans mon duvet, alors que mon regard se perd dans un tableau mêlant les couleurs sombres de la forêt aux beautés des cimes embrumées, je rêvasse à une autre vie. En bâtissant un mur de plus, je pourrais m'installer durablement dans cette cabane du fin fond de la Scandinavie, habiter dans la Nature, nager dans les eaux cristallines du fjord, me réchauffer autour d'un feu, pêcher des saumons, observer les élans, chercher des traces d'ours, cueillir des mûres arctiques, marcher dans la neige avec des raquettes en sapin, et, du haut des montagnes, contempler les aurores boréales.

En se déchirant, les nuages laissent de grandes taches bleues s'étaler dans le ciel. Aussi invraisemblable que cela puisse paraître, le soleil – le vrai, celui qui brille, celui qui chauffe la peau – est de retour ! Je remballe mes affaires à toute vitesse, et pars découvrir un paysage dont la composition me serait familière si, plutôt que de s'arrêter à Cassis, la mer avait décidé de s'élever jusqu'au cœur de l'Oisans. Entre deux ciels d'azur, les glaciers et les alpages se reflètent dans les eaux éclatantes d'un lac de mer aussi sinueux qu'un serpent. Ces dernières semaines, je finissais par me croire condamné à traverser la Norvège sous une grisaille continuelle ; tel un ascète, j'apprenais à me contenter de quelques miettes de soleil. Et voilà que les nuages se retirent du plus beau des paysages ! De petites gouttes se forment dans les commissures de mes yeux. Ma gorge se serre un peu, et, comme un amoureux, je n'arrête pas de sourire. De telles splendeurs valaient bien toutes ces journées de labeur. Loin des bikinis de la Méditerranée, la Norvège, pleine de pudeur, ne se dévoile pas facilement. Ses beautés se méritent.

Fatalement, des nuages bourgeonnent, et une fine pluie vient me rappeler que je suis toujours en Scandinavie. Malgré l'été qui approche, je n'aurai pas roulé longtemps sans mon bonnet. Je remplis mes bouteilles dans des torrents, mais l'eau est trouble, et mes pastilles purificatrices n'y changent rien. Faut-il que je confronte mon système immunitaire, habitué à l'asepsie, à ce liquide rougeâtre ? Les résidus de mes cours de biologie ont plutôt tendance à m'en dissuader. Dans ce pays où l'eau coule partout, me revoilà donc assoiffé… Finalement, je trouve un robinet dans les toilettes d'une station-service. Moi qui m'obstine à avancer à la force de mes mollets, je suis contrarié de dépendre d'un de ces temples de l'énergie fossile ; temples qui sont souvent les seuls services de proximité des hameaux isolés. Éprises de justice, les autorités politiques admettent généralement que les ruraux puissent se passer de pain, de médecin, d'école, de bibliothèque, mais pas d'essence. Il est tout de même difficile d'avoir foi en une époque qui tend à faire passer les besoins des voitures avant ceux des êtres humains – au point que les fruits de nos champs commencent à être utilisés pour remplir des réservoirs plutôt que des ventres affamés.

Bien que trop rapiats pour m'offrir un soleil de minuit, les nuages laissent s'échapper quelques faisceaux lumineux qui caressent joliment les vagues. J'observe un renard polaire, joue à cache-cache avec une mère élan et ses deux *petits*. Pédalant entre falaises et océan, je peine à trouver un emplacement de bivouac, et décide de faire un détour par un petit bras de fjord, au cœur duquel repose une mer d'huile. Quelle douceur de pédaler aux heures où le monde s'assoupit… Face à des cimes blanches comme de la dentelle, sous un ciel rose pâle, je pose ma tente dans le creux douillet d'une plage herbeuse. Puis, bercé par le chant d'un petit torrent, je m'endors comme dans un berceau que la Nature m'aurait tressé.

13. Les timides prémices de l'été

Il pleut. Il fait gris et froid. C'est le premier jour de l'été. À Grov, village de pêcheurs, je m'arrête dans le petit *marked*, histoire de me réchauffer et de discuter avec un jeune gars du coin qui cherche à s'occuper. Il regarde ma carte en grimaçant, et m'avertit que les prochains kilomètres seront très *"up and up"*. Je risque de souffrir jusqu'au col. Pour ne rien arranger, la neige pourrait faire son retour d'ici aux prochains jours. En guise de réconfort, il m'apprend que je ne suis plus qu'à sept cents kilomètres du *Nordkapp*. J'ai désormais de sérieuses chances d'atteindre mon objectif, mais une défaillance physiologique ou mécanique peut toujours se produire... Pourvu que la poisse m'épargne !

Derrière l'excitation d'une victoire possible, l'idée de bientôt terminer mon périple jusqu'au cap me rend plutôt mélancolique. Certes, le chemin du retour sera encore long, mais tôt ou tard, il faudra redevenir sédentaire. Quelle tristesse ! Comment ne pas préférer cette vie de vagabondage, qui s'écrit au jour le jour, à la routine citadine, toujours identique à elle-même ? Certains voudraient que je sois différent, que je m'épanouisse sur des chemins semblables aux leurs. Sous un vernis de bienveillance, cette obsession à pousser autrui dans un moule qui ne peut le contenir se change parfois en oppression. Peut-être que des personnes sont faites pour être heureuses dans des bureaux, mais moi, j'ai besoin de grands espaces pour respirer. C'est comme ça ! Tout n'est pas malléable. Et de la même manière que l'on ne peut, sans dommages, séparer le sel de la mer, la sève de l'arbre ou l'oiseau du ciel, le sang qui coule dans mes veines restera toujours le même.

Cerné de murs de neige, un col sans nom m'attend tristement dans le brouillard. Habituellement, le Gulf Stream apporte au littoral norvégien un air *relativement* doux, mais aujourd'hui, le vent charrie un froid polaire. La descente du col est douloureuse. Le froid me brûle les joues. J'ai des glaçons dans les chaussures, des stalactites au bout du nez. Mes dents claquent, et mes doigts engourdis ne parviennent plus à appuyer sur les manettes de frein. Défiant l'été, un grand lac est encore entièrement gelé, et ce, à seulement deux cents mètres d'altitude. Le froid est si intense qu'il paraît définitivement ancré dans le paysage. Sur ces terres glacées, hostiles à la vie, seuls quelques arbustes nains dépassent péniblement des étendues rases de mousses et de lichens. Belle et impitoyable, la toundra s'ouvre à moi.

À l'instar de *mes* crêtes du Vercors qui séparent naturellement les Alpes du Nord des Alpes méridionales, une barrière climatique semble se dessiner sous mes yeux. Et j'ai le sentiment d'avoir subitement basculé du côté des immensités polaires. Timidement, une bruine, qui hésite entre la pluie et la neige, se met à tomber. Je m'inquiète pour la suite. Mes pneus ne feront pas l'affaire sur des routes verglacées. Je me souviens des joues crevassées de Piotr. Si je ne trouve pas d'autres gants, je perdrai des doigts. Dans un hameau quelque peu isolé, alors que je tente de me réchauffer sous un abribus à l'abandon, un vieil homme, qui vit ici depuis toujours, vient à ma rencontre. En me voyant souffler dans mes mains, il me dit que ce petit rafraîchissement ne devrait durer que quelques jours. Je crois qu'il essaie de me rassurer. Il m'explique ensuite pourquoi ses moufles tiennent bien chaud, puis me conseille d'acheter les mêmes… Face à mon incapacité à cacher ma détresse, je sens dans son regard de légères hésitations, puis, dans un bel élan de générosité, il décide de m'offrir ses moufles. « Emmène-les au cap ! », me lance-t-il avec un grand sourire. Ne voulant pas le priver d'un bien aussi précieux, je n'ose pas accepter, mais sa charité me réchauffe le sang jusqu'aux bouts des doigts.

Après de longues heures de solitude, j'approche de Setermoen. Alors que je m'attends à traverser une minuscule bourgade peuplée d'une poignée d'irréductibles trappeurs, je suis très étonné de découvrir une ville relativement étendue (mais totalement endormie). Il y a même une école, un collège et des magasins. Dans les rayons déserts du supermarché, je tombe sur une boîte de *salatpotet*, aliment au rapport calories/prix absolument imbattable. Bien au chaud, sur une table du hall, je dévore ma salade de pommes de terre à la vinaigrette industrielle, tout en éprouvant de la compassion pour les deux caissiers qui s'ennuient. En temps normal, je considérerais ce repas comme très mauvais, mais dans ce contexte, je suis ravi de déguster un plat aussi exotique.

Abritée des vents polaires par les montagnes enneigées, la terre redevient fertile, et la toundra cède sa place à une épaisse végétation forestière. Ma petite route suit une rivière aussi large qu'un grand fleuve français. Cependant, à la différence du Rhin, du Rhône ou de la Seine, cette rivière n'est pas canalisée par des digues de béton ; elle ne côtoie ni zones commerciales ni zones industrielles ; sa trajectoire n'est pas parallèle aux autoroutes et aux lignes à haute tension. Nul doute que les charmes de ce cours d'eau qui coule paisiblement dans la Nature étaient autrefois communs sur Terre… jusqu'à ce qu'une pincée de générations capricieuses mette à mal des millions d'années d'harmonie. Il faut désormais vivre dans un monde couvert de cicatrices irréversibles… ou alors, tant qu'il en est encore temps, fuir le plus loin possible jusqu'aux confins des continents.

Les arbustes et les ronces refusent de faire une petite place à ma tente, ce qui m'oblige à continuer de pédaler, malgré la fatigue et le retour de la pluie. Comme un mirage sur une route déserte, je croise un marcheur barbu qui porte un gros sac à dos surmonté d'un matelas en mousse. Où va-t-il ? D'où vient-il ? En guise de salut, il lève un poing rageur comme pour dire : « On ne lâche rien, mon frère ! » Finalement, c'est au bout d'un sentier, à minuit passé, que m'attend un joli petit spot de bivouac, sans doute débroussaillé par un pêcheur. Un morceau de pain à la main, je savoure la fraîcheur humide et vivifiante du bord de rivière, tout en songeant, dans la clarté de la nuit, aux kilomètres parcourus…

Puis, sans vraiment savoir pourquoi – peut-être parce que la douceur bucolique de ce petit monde me paraît presque trop belle pour ne pas être menacée –, je pense à Tchernobyl… Si un nuage d'atomes de césium a condamné le Mercantour à des milliers d'années de radioactivité, qu'en est-il de la Norvège ? Comment soufflaient les vents en avril 1986 ? Mon paradis d'une nuit est peut-être, lui aussi, ravagé par l'industrie nucléaire. Combien de becquerels sous mon matelas ? Plus tard, j'apprendrai que des rennes norvégiens (friands de lichens et de tous ces petits organismes concentrant les rayonnements ionisants) sont parfois trop radioactifs pour être autorisés à la consommation... Même dans le coin le plus paumé d'Europe, pas moyen d'être peinard ! Il faut reconnaître que pour détruire leur planète, les hommes sont incroyablement doués et prodigieusement obstinés. Et comme si irradier les confins du monde ne leur suffisait pas, ils envoient désormais leurs déchets en orbite ! Pourquoi faut-il que j'appartienne à ces malades ? Résigné, je me réfugie dans la chaleur de mon duvet en écoutant le joli chant d'un tétras-lyre... N'aurais-je pas pu être un oiseau ?

49ᵉ jour
C'est sous un ciel bleu que je découvre de grandes plaines unissant lacs et toundra. Au loin, bien qu'ayant la taille de collines hollandaises, les cimes enneigées prennent des airs alpestres. Formaté par la culture américaine, je crois reconnaître le visage de l'Alaska, mais un grand tipi surmonté d'un drapeau bleu et rouge me fait comprendre que je suis en Laponie. En réalité, cette grande tente n'est qu'un magasin pour touristes proposant des peaux, des bois et des saucissons de renne. La Laponie, territoire des Samis, s'étend sur quatre pays : la Norvège, la Suède, la Finlande et la Russie. Vivant aux mêmes latitudes que les Inuits d'Amérique, les Samis sont les habitants ancestraux de ces contrées polaires, et ont visiblement un rapport très fusionnel aux rennes...

C'est entre des murs de neige que je franchis le col spectaculairement horizontal de Heia qui, du haut de ses deux cents mètres, est habillé comme un grand col de Savoie. Le tableau est sublime. Lorsque, vivant à Grenoble, je partais de chez moi à vélo, chaque beau paysage de montagne me demandait plusieurs heures de pédalage. Et, une fois au sommet, il fallait descendre vers les vallées polluées ; mon bonheur était toujours trop éphémère. Pédaler sur ce plateau lapon, c'est comme pouvoir rester perché sur les hauteurs alpines, sans même avoir fait l'effort d'y grimper. Cette avalanche de beautés me couvre de gaieté, et ce soleil a sur moi plus d'effet que la meilleure des drogues. Le poids des nuages ne pèse plus sur mes épaules ; mes jambes tournent à toute allure ; je me sens si léger...

À la caisse d'un petit commerce, après avoir couru dans les rayons (pour retrouver au plus vite le ciel bleu), j'ouvre discrètement le journal afin de consulter la météo : des petits soleils apparaissent pour ce jour et le suivant. Je n'ose pas y croire, surtout que je connais par cœur ce fâcheux penchant qu'ont les reliefs montagneux à déjouer les prévisions. Et en effet, à peine sorti du Rema 1000 de Nordkjosbotn, des nuages noirs s'accrochent aux falaises, puis envahissent le ciel. Dans une ambiance grise et sauvage, les voluptés de la mélancolie balaient les désordres de mon excitation. Et je prends plaisir à pédaler sur une petite route me faisant peu à peu découvrir la démesure du fjord de Lyngen, couronné des plus hautes cimes de Laponie.

Sur un balcon rocheux surplombant la mer, je dégotte *un spot de rêve*. Assis à côté de ma tente, je profite de la douceur vespérale en dégustant des tartines de *polarbrød* au tzatziki. En rêvassant, je me dis que, loin des tracas si souvent artificiels des sociétés humaines, la vie mérite vraiment d'être vécue.

Très timidement, le soleil, que je n'attendais plus, perce quelques nuages. Il s'obstine, gagne en confiance, déchire le ciel en grand, et arrose généreusement de vastes flancs montagneux. Ne voulant pas perdre une miette de *mon premier soleil de minuit* (qui est aussi peut-être le dernier), je reste longuement dehors en arborant victorieusement mes lunettes de soleil. Tout emmitouflé, face à ce spectacle rêvé, je sors mon petit cahier pour protéger de l'oubli cette belle journée. Sous de flamboyants jeux de lumière, l'aurore succède au crépuscule, et je noircis quelques lignes en regardant les vaguelettes que le vent caresse.

Écrire, c'est laisser une trace qui disparaîtra sans doute comme une simple empreinte animale dans la neige. Mais dans la neige, les empreintes, bien qu'éphémères, se succèdent parfois, et finissent alors par creuser un chemin…

14. Petit, je voulais être astronaute

Les nuages me laissent terminer paisiblement « ma nuit ». Sans eux, je n'aurais pas réussi à dormir parce que, dans un pays où le soleil est si précieux, fermer les paupières sous un ciel bleu est, à mes yeux, un gâchis insupportable. Dès que je remonte sur mon vélo, les nuages, décidément serviables, s'empressent de se dissiper. Même si quelques-uns restent accrochés aux lointains sommets, l'azur du ciel se superpose rapidement au turquoise de la mer. Puis les petites taches cotonneuses, ultimes et infimes contrariétés, s'évaporent pour laisser place à une atmosphère d'une rare pureté. C'est enfin l'été, mais il ne faut pas se leurrer : sous le vent polaire, gants et bonnet restent beaucoup plus adaptés que maillot de bain et crème solaire.

Comme un lac grandiose, un bras de mer me sépare des Alpes de Lyngen, dont les montagnes abruptes et rocheuses sont couvertes, de la tête au pied, d'un épais manteau neigeux. Parallèle à cet imposant massif planté dans l'océan, la route, toujours aussi déserte, m'offre un défilé intarissable de paysages, tous aussi délicieux les uns que les autres. De la même manière que le volume limité d'un estomac nous oblige parfois à renoncer à certaines gourmandises, mon cœur est débordé par ce buffet de splendeurs. Il faut à la fois que j'aille lentement (pour savourer chaque tableau) et que j'aille vite (pour réussir à voir les panoramas suivants sous ce ciel aussi beau qu'éphémère). Toute mon attention se focalise sur la recherche de cet impossible équilibre. Je ne sais plus où donner de la tête ! La fatigue, le froid, la faim, la soif et toutes ces basses considérations deviennent si futiles…

Quoique condamnés à l'oubli, je ne peux m'empêcher de vouloir rendre éternels ces monuments de lumière. Dans ce paradis mêlant l'océan aux glaciers, mon appareil photo m'inspire autant d'attachement que d'agacement. De l'agacement, car cet objet artificiel crée en moi une addiction, et me détourne des sensations présentes. De l'attachement, car cet outil ingénieux supplée ma mémoire, et m'oblige à être attentif à des détails qui, autrement, m'échapperaient.

Comme pour prolonger le spectacle, cette route merveilleuse, qui suit la géométrie très tourmentée du littoral, semble ne pas avoir de fin. Toute la journée, je surveille la course accélérée d'un soleil devenu fou ; d'un astre qui ne se lève plus à l'est, qui ne se couche plus à l'ouest… En somme, le soleil a perdu le nord, les êtres humains n'existent plus et la neige descend jusqu'aux plages. De toute évidence, je ne suis plus dans le monde qui m'a vu grandir. Petit, je rêvais d'être astronaute… À force de pédaler, j'ai réussi à changer de planète !

Descendant un chemin perpendiculaire au mien, un petit tracteur charriant du bois s'arrête. Un homme d'un âge avancé sort à toute vitesse de sa machine en me faisant des gestes aussi larges que son sourire. Hans a simplement envie de bavarder. Sous ses cheveux en pétard, ses yeux d'un bleu perçant reflètent la joie soudaine du retour de l'été. Étant donné qu'il n'y a plus qu'une route, il devine facilement où je vais. Lorsque je lui dis que je viens de France, il me lance avec enthousiasme : « Parisss, l'amour ! Parisss, l'amour ! », puis Hans me parle de sa jeunesse néerlandaise, de sa femme norvégienne, de sa vie de pêcheur dans ce fjord magnifique, sans oublier d'aborder des sujets aussi variés qu'Édith Piaf et l'éclairage de mon vélo. Je m'efforce autant que possible de le comprendre, mais je suis sans cesse débordé par son flot de paroles. C'est par mon sourire que je lui réponds le mieux. Sa gaieté me fascine.

Le vent s'apaise. Seul dans ce royaume de la Nature, je descends marcher sur une plage de galets roses. Sur l'autre rive, posées sur l'océan comme sur un lac, les montagnes enneigées de Lyngen se teintent d'orange. Je reste un long moment à contempler ce paysage que je voudrais ne jamais abandonner. Puis je fais un détour jusqu'à une petite pointe nommée Spåkenes. Entre deux énormes caps montagneux apparaît un vaste horizon océanique, jusque-là masqué par le relief du fjord. Sous un ciel rose grenadine, je pousse mon vélo à travers une tourbière envahie de linaigrettes blanches qui brillent comme de petites étoiles en coton. J'arrive au bord d'une douce falaise, d'où je contemple le spectacle magique du soleil qui décline, puis qui se pose – tout flamboyant – au-dessus des vagues de l'océan, avant de s'élever vers une nouvelle journée éternelle. Je ne verrai jamais rien de plus beau, et regrette simplement l'impuissance des mots.

Après avoir pédalé sous tant de nuages, je n'imaginais pas voir briller le soleil de minuit dans un ciel aussi pur, dans un décor aussi sublime. Je me serais contenté de tellement moins. Et je me souviens de ce jour où, partant pour la première fois avec mon vélo et mes sacoches, j'hésitais jusqu'au dernier moment entre mes deux plus grands rêves : celui de découvrir le pays de Diogène et celui de pédaler jusqu'au soleil de minuit. Je me souviens d'avoir choisi au col du Lautaret la route orientale de Briançon plutôt que la route septentrionale du Galibier, et d'avoir ainsi renoncé à un rêve pour en réaliser un autre. La vie est si courte et tellement pleine d'embûches que je pensais avoir abandonné mon soleil de minuit à jamais. Je suis heureux de me donner enfin tort. Et mon bonheur est d'autant plus grand que je le sais singulier, rebelle, désuet au regard de la société que je fuis et qui résume la valeur d'une personne à sa réussite sociale et financière.

Au milieu des linaigrettes chatouillées par les vents, je ne me lasse pas de contempler le soleil levant. Il est très tard, mais il fait de plus en plus jour. Que faire ? Je ne vais tout de même pas me coucher alors que la Nature se réveille, et risquer de rouvrir les yeux sous un ciel entièrement gris. Je ne peux pas. Les paysages sont trop beaux. Le soleil est trop rare. Je suis trop excité. Je continue donc de pédaler…

À trois heures du matin, je commence sérieusement à mollir. Je ne tiens plus. Dans un hameau de pêcheurs faisant face à une petite île desservie par un bac, un modeste préfabriqué faisant office de *venterom* est ouvert. Je pourrais m'y assoupir plutôt que de monter ma tente, cela me ferait gagner du temps. De toute façon, après ce village, les Alpes de Lyngen ne seront plus visibles, et céderont la place à des paysages sans doute moins spectaculaires. Après de multiples contorsions, je parviens à faire entrer mon vélo dans le préfabriqué exigu, puis pose mon matelas entre une table et deux chaises. Ça rentre tout juste ! Sous un soleil aussi resplendissant qu'attristant, je sors mon cahier, cherche deux ou trois mots à écrire, puis m'écroule sur une page blanche...

15. La mélancolie des grands espaces

Une petite dame entre. Je me lève en sursaut pour lui expliquer que je suis désolé et que je vais partir. Aussi amusée qu'étonnée, elle s'excuse de m'avoir réveillé, me dit qu'il faut que je dorme, puis sort pour prendre le bac qui arrive. Le soleil est toujours au rendez-vous. Il n'y a pas de temps à perdre. Je mange un morceau à toute vitesse et remonte sur mon vélo, l'esprit encore vaporeux... Tant que les jambes tournent, où est le problème ?

Les ascensions, qui s'enchaînent, m'obligent à prendre au sérieux l'état de mes chevilles. Hier, trop occupé à admirer les paysages, je n'avais pas le temps de m'y intéresser. Je me disais que quelques heures de sommeil suffiraient à calmer ce qui s'apparente désormais à une double tendinite. Au contraire, le mal s'accentue. Je peine à me mettre en danseuse. L'origine de mes douleurs est vraisemblablement liée à l'usure de mes chaussures, devenues presque aussi souples que du papier. Les tendons de mes chevilles sont trop sollicités. Plus je pédalerai, plus l'inflammation grandira. Il me faut des chaussures plus rigides, mais où trouver un magasin vendant des chaussures au nord du cercle polaire ? Et comment savoir si ces éventuelles nouvelles chaussures pourraient réellement me soulager ?

Pour ne pas avoir trop mal, j'essaie de grimper en appuyant le moins fort possible sur les pédales, ce qui n'est pas très commode pour conquérir un sommet. Je suis de plus en plus soucieux. Il me reste plusieurs milliers de kilomètres à parcourir pour rentrer chez moi à vélo. Faire tout le chemin à la force de mes mollets est un devoir. Abandonner, ce serait trahir une promesse, briser un rêve, renoncer aux convictions qui me structurent. D'un autre côté, il ne faut pas dramatiser. À l'instar de Stephen Hawking, certains ont continué à se battre avec des handicaps bien plus importants qu'une double tendinite…

Bien que l'été soit d'ores et déjà installé, c'est entre des murs de neige que je franchis un col qui, malgré ses allures de Galibier, n'est pas plus haut qu'une colline d'oliviers. Je bascule ensuite vers un large fjord montagneux, et découvre trois petites huttes de tourbe. Les portes sont ouvertes ; un coup de balai ne passerait pas inaperçu. Je suppose que ces constructions à l'abandon ont appartenu à des Samis. Je ne connais pas grand-chose des Samis. Je me demande simplement où ils sont.

Jouant avec les rayons du soleil, de fines averses m'offrent un bal d'arcs-en-ciel. Je pousse mon vélo sur une grande plage de mousses et de lichens, et c'est entre de jolis coussins de fleurs mauves que je pose ma tente, face à une mer saupoudrée de petites îles. Pour une fois, j'arrête de pédaler tôt ; mon corps a besoin de repos. Quel délice de pouvoir flâner durant toute une soirée ! Le ciel est triste, mais j'aime la mélancolie de ces grands espaces. Me promenant dans la toundra, je découvre, entre saxifrages et silènes, des étoffes blanches sans doute égarées par des rennes. Dans les airs, un aigle de mer attaque une pauvre mouette qui pousse des cris de détresse. L'aigle finit par se lasser de cette folle poursuite, et abandonne sa proie qui retrouve sa liberté. Puis j'entre dans ma tente, cocon réconfortant dans lequel j'aime écrire et écouter de la musique en attendant le soleil de minuit… qui ne parviendra pas, une fois de plus, à soulever le rideau de nuages.

52e jour
Sous un ciel désespérément maussade, mes tendinites m'encombrent l'esprit… jusqu'à ce que mon attention soit détournée par des rennes qui, entre les derniers névés de l'hiver, paissent une herbe encore jaune. Abandonnant mon vélo, je m'approche doucement de ces frêles herbivores aux bois duveteux. Je me fais de plus en plus petit, allant jusqu'à ramper… Et je me souviens de toutes ces journées sur les crêtes du Vercors à épier les chamois, les bouquetins, les mouflons et les marmottes. Aussi brève soit-elle, la joie d'observer un animal dans son milieu sauvage me réchauffera toujours plus le cœur que la tristesse du regard d'une bête enfermée dans un enclos.

Il y a une belle vingtaine de rennes. Décidément, leur drôle de démarche pataude n'a rien de comparable aux chorégraphies alpestres de mes bouquetins. Mais, derrière cette gaucherie d'albatros, le renne est le roi du monde polaire ; il survit aux longs et noirs hivers. Sous son air nonchalant, il sait affronter un froid glacé auquel peu de formes de vie seraient capables de résister. Puis j'abandonne à contrecœur ces cousins que je comprends mieux que certains humains. Mais, à peine remis en selle, j'en retrouve d'autres qui, cette fois, suivent paresseusement le bitume, tout en ignorant les dangers inhérents aux rares automobiles. Ils ne me considèrent d'abord pas comme une menace et ne semblent pas très motivés à me laisser passer. Après m'avoir attentivement considéré, l'un d'eux se met finalement à galoper. Ses compagnons sont emportés dans son sillage. Paniqués, ils s'enfuient droit devant moi sans s'écarter de la route, ce qui n'est pas le meilleur moyen de me semer. Suite à cette longue cavalcade, un renne finit par avoir l'idée géniale de prendre la tangente, menant avec lui le reste du groupe, enfin débarrassé de moi.

Deux coups de klaxon, et me voilà abordé par un couple parti de France à moto. Quoique sapés comme des soldats de Darth Vader, ils voyagent « à la cool » et sont très bavards. José est aussi costaud qu'un bûcheron et fait le pilote. Flo est toute menue et s'accroche derrière comme un bébé koala. Après avoir traversé « les paysages archi-monotones de Suède et de Finlande », ils sont montés jusqu'au cap Nord, et entament leur migration vers le sud. « C'est encore l'hiver là-haut. Il y a de la neige partout. C'était la tempête… Ça soufflait tellement qu'on tenait à peine debout… Et on n'a vu que du brouillard, du brouillard et du brouillard ! » Je me réjouis d'avance. En Finlande, ils ont dormi à Rovaniemi, « le village du père Noël ». « L'hôtel était situé en plein sur le cercle polaire. Le lit était même coupé en deux ! Rovaniemi, c'est quand même une grande ville, et il y a pas mal de touristes. » Je n'y passerai donc pas. Je tiens trop à ma tranquillité. Quand ils racontent leur périple jusqu'au cap Nord, on leur répond souvent que « c'est un truc de ouf ». « Mais alors à vélo avec une tente, c'est vraiment un trip de malade ! » Je m'efforce de relativiser la performance – qui, comparée à de nombreux autres combats plus altruistes et moins ostentatoires, reste bien peu méritoire. Cependant, avec ce « temps archi-pourri » (comme ils disent), un petit compliment, aussi exagéré soit-il, est toujours bon à prendre.

Dans une soupe de brume, je parcours un vaste fjord, dont je ne peux qu'imaginer la beauté. Empaqueté dans ma cape de pluie, je me bats contre le vent et la bruine. Au milieu de nulle part, je trouve un improbable abribus dans lequel j'essaie vainement de sécher, tout en mastiquant un morceau de cette spécialité fromagère obstinément insipide qu'est le *gulost*. Je ne vais pas me plaindre : le thermomètre frôle les dix degrés, ce qui n'est pas si mal pour un début d'été en Arctique. D'un autre côté, je songe à mes voyages précédents, à ce que juin offre à l'Espagne, au Portugal, à la Croatie, aux Alpes… Paradoxalement, mon rêve de soleil éternel me pousse à fuir le plus loin possible des délices de l'été. Et qu'attendre au bout du chemin ? Rien de plus que du froid et du brouillard ? Somme toute, le nord n'est peut-être pas la bonne direction. Je pourrais faire demi-tour et filer à nouveau vers la Grèce, ses chèvres sauvages, ses plages désertes, son ciel toujours bleu – ce que nous étions heureux ! Face à mon triste rideau de brume, je me souviens des montagnes brûlées par le soleil qui se rafraîchissaient les pieds dans les eaux turquoise de la Méditerranée…

Le plaisir de pédaler au grand air, loin de tout, l'emporte sur la frustration de ne pas pouvoir contempler les merveilles géologiques qui m'entourent. Néanmoins, plutôt que de devoir monter ma tente sous une pluie battante, je rêve de trouver une cahute pour « la nuit »… et j'y crois si fort que mon souhait s'exauce. Faite de deux murs perpendiculaires et d'un toit végétalisé, ma petite cabane en bois me paraît aussi confortable qu'un palace. J'aperçois une nageoire de dauphin, mais le cétacé disparaît aussitôt… Je le cherche longuement dans l'horizon… Alors que je songe aux univers se cachant sous la surface visible du monde, une fourgonnette vient se garer à côté de ma *gapahuk*. Un jeune couple s'installe. Je crains que la quiétude des lieux soit perturbée par des musiques inappropriées, mais les deux amoureux se contentent simplement de se balader sur la plage. Puis elle va se coucher dans la camionnette pendant qu'il sort sa canne à pêche. Je n'ai plus l'habitude de dormir si près de la civilisation. Nous devrions toutefois réussir à éviter les conflits de voisinage.

53ᵉ jour
Avant Alta (l'une des villes les plus septentrionales du monde), sur des rochers surplombant la mer ont été gravées, il y a plusieurs milliers d'années, des centaines de silhouettes de navires, d'élans et de rennes qui sont aujourd'hui encore admirablement conservées. Je n'ai peut-être pas choisi la bonne époque : je me serais sans doute mieux entendu avec ces êtres humains d'autrefois qui partageaient visiblement ma fascination pour les herbivores sauvages et le voyage *by fair means*. Je ne m'attarde pas sur ces émouvantes gravures, car je crains de me faire *choper*. En effet, pour avoir le droit de contempler ces œuvres rupestres désormais situées dans le jardin d'un musée, il faut officiellement payer un ticket d'entrée (dont le prix est rédhibitoire pour un vagabond de mon espèce). Un détail tempère toutefois ma colère : les

Norvégiens sont si habitués à obéir aux règles qu'ils n'ont pas l'idée de contrôler les tickets. M'exonérer de ce billet ne me donne pas mauvaise conscience puisque l'argent récolté ne sera de toute évidence pas redistribué aux auteurs de ces gravures ; artistes sans doute plus soucieux de transmettre aux générations futures un témoignage que d'entretenir des échanges monétaires posthumes.

À Alta, je découvre une grande église dont le toit a vaguement la forme d'une spirale galactique. Au-delà de cet édifice moderne (qui n'a rien d'extraordinaire), le patrimoine architectural d'Alta demeure modeste. Les villes scandinaves sont généralement organisées d'une façon sobre et pragmatique, et ne s'embarrassent pas de grands monuments arrogants destinés à traverser les siècles. Plutôt qu'un patrimoine superflu, les Norvégiens préfèrent léguer à leurs enfants les richesses préservées d'une Nature millénaire, ce qui est toujours plus utile qu'une tour Eiffel…

Pour moi, Alta est surtout l'occasion de faire le plein de nourriture, car je crains qu'il n'y ait plus le moindre magasin ni avant le cap Nord ni durant les premiers jours du retour. Il me faut des stocks de calories ; j'en aurai besoin pour affronter les rafales de vent polaire de l'extrême nord du continent. Après avoir arpenté les rayons d'un petit Kiwi, je charge mes sacoches à bloc pour tenir jusqu'au bout. Tout ne rentre pas. Des paquets de biscuits et des conserves de filets de maquereaux finissent sous les tendeurs. J'en mets aussi dans les poches de ma veste. Je suis enfin prêt. Il se met à pleuvoir. Peu m'en chaut. À moi le cap Nord !

16. À l'instar des élans

À la sortie d'Alta, toutes les voitures se volatilisent. Les rares panneaux routiers n'indiquent plus que le Nordkapp (situé à environ deux cents kilomètres) et Kirkenes, village à la frontière russe (à environ cinq cents kilomètres). En s'élevant, la route me plonge dans l'épaisseur grisâtre des nuages. Comme si cela ne suffisait pas, n'appréciant pas d'être sollicitées par l'effort de la grimpée, mes chevilles se remettent à me tyranniser. Pour couronner le tout, malgré mes trois bonnets et mes gants, la pluie fouettée par les vents me glace le sang. En gros, je ne vois que du gris, j'ai mal, je suis trempé, j'ai froid... J'en ai franchement ras le bol ! Et encore, heureusement que c'est l'été ; sinon qu'est-ce que ce serait ?

Sous de petits flocons, j'arrive sur un grand plateau parsemé de névés et de lacs gelés. Sur ces terres désertes et vallonnées, en plein cœur de la rase toundra, exposée aux quatre vents, une modeste maison, cheminée fumante, résiste. Nichant sous les motoneiges, deux huskies aboient à ma vue, hésitent à faire l'effort de me poursuivre, avant finalement d'y renoncer, sans pour autant échouer à me faire déguerpir. Dans un coin pareil (c'est-à-dire au-delà du soixante-dixième parallèle nord et à plus de quatre cents mètres d'altitude), entre les tempêtes de neige et le jour qui ne se lève pas, les hivers doivent être rudes. D'un autre côté, j'imagine que la pollution, la laideur du béton et les voisins enquiquinants posent rarement problème. Loin de tout le superflu, cette maison est sans doute idéale pour s'extraire de l'hérésie des sociétés humaines, mais dans une solitude aussi profonde, comment ne pas succomber à la folie de soi-même ? Réflexions faites, je pourrais peut-être envisager de m'installer dans une contrée moins excentrée…

Blancs comme neige, plus résistants et moins arrogants que les êtres humains, quelques rennes à la vie pérenne se promènent dans la toundra sans fin. Leur territoire est trop extrême pour être menacé par le béton. À l'instar de ces rennes qui se réfugient dans le froid polaire, à l'instar des bouquetins qui se perchent sur les crêtes inaccessibles, à l'instar des élans qui se cachent dans les profondeurs des forêts, de rares espèces animales parviennent encore à échapper, grâce à des stratagèmes évolutifs, à la cupidité humaine, s'assurant ainsi la possibilité d'un avenir libre. Par ce voyage, je ne fais, en somme, que les imiter.

Longeant une rivière tumultueuse, j'arrive dans une petite vallée chagrine, où, les pieds dans les marécages, des bouleaux rachitiques et sans feuilles semblent encore attendre l'arrivée du printemps. À ma vue, des rennes, qui paissaient au bord de la route, partent se réfugier dans ces modestes forêts clairsemées. J'abandonne mon vélo pour jouer à cache-cache avec eux, et trouve, entre les mousses et les lichens, un petit carré douillet presque sec, sur lequel je ne tarde pas à ériger ma tente. Je m'y réfugie en la laissant entrouverte, ce qui me permet d'observer des rennes sans être vu. Et je me remémore ces soirs sur les crêtes du Vercors où, bien au chaud dans mon duvet, je m'assoupissais près de mes bouquetins bien-aimés. Bercé par le chant de ma jolie rivière, c'est désormais entouré de mes nouveaux compagnons herbivores que, tout aussi peinard, je m'endors…

54ᵉ jour
Le simple fait d'ouvrir la capuche de mon sac de couchage me glace les mains. Mes chaussures et ma tente sont trempées. C'est de pire en pire. Je sens que le chemin restant jusqu'au cap Nord ne sera pas une partie de plaisir, et je n'ose plus croire trouver au bout du continent ce beau soleil de minuit auquel je rêvais. Le plafond nuageux est si bas que je ne tarde pas à m'y engouffrer. Polies par les glaces et les averses, les montagnes ne sont plus que de vastes plateaux balayés par les vents. Fendant le brouillard et la neige, ma route semble me mener hors du monde, dans un désert polaire sans repère, où plus rien ne peut exister : ni soleil, ni relief, ni arbres, ni animaux… Nonobstant cette atmosphère quasi apocalyptique, je ne peux m'empêcher de voir sur ces plateaux bourbeux d'alléchants spots de bivouac…

Je descends vers la mer, et découvre Porsanger, fjord gigantesque en forme de U. Pour atteindre le cap Nord, je n'ai plus qu'à remonter la branche gauche de ce U, traverser un tunnel sous-marin, puis parcourir les reliefs montagneux d'une île nommée Magerøya. Malgré un panneau me mettant en garde contre les vents violents sur les soixante-treize prochains kilomètres, c'est avec euphorie que je me lance dans cette dernière ligne droite en cul-de-sac (par laquelle, si je survis, j'entamerai mon retour du cap).

Alors que je me préparais à affronter des hardes motorisées de touristes, je ne rencontre, sur cette belle route côtière, que des mouettes, des goélands et des rennes ; rennes qui se promènent un peu partout (y compris sur la chaussée) pendant qu'une bise mordante s'obstine à ne pas faillir à la réputation inhospitalière de ces contrées polaires. Encore saupoudrée de névés, la végétation est dense mais rase, et cette toundra arctique m'offre un panorama constamment dégagé sur la mer. Malheureusement, sous ce ciel bas et lourd, ce vaste décor arbore une bien triste mine. Refroidi par la bruine, je ne m'attarde pas sur un joli plateau vallonné, où reposent pourtant des lacs bien charmants. Dans les airs, un aigle de mer, peut-être un pygargue, s'attaque à deux mouettes ; plus loin, c'est au tour d'un couple de rapaces de se lancer dans un grand ballet aérien. Décidément, ce monde n'appartient plus aux humains.

J'arrive au bout du continent, face à l'entrée du redoutable « Nordkapptunnelen ». Long de sept kilomètres, ce tunnel plonge deux cents mètres sous le niveau de la mer, avant de remonter vers l'île la plus septentrionale d'Europe. Une belle collection de panneaux m'avertit des dangers à venir : la glace, l'obscurité, la pente à dix pour cent... et le « fog » (qui signifie soit brouillard soit grenouille, je ne sais plus exactement). Redoutant l'accident, je m'arrête pour enfiler mon gilet jaune fluo, pour accrocher ma lampe frontale autour de mon casque, pour installer mes petites lumières clignotantes, pour vérifier la tension des câbles, l'usure des jantes ainsi que l'état de mes patins de frein et de mes pneus. Le check-up est validé. Il est minuit ; aucune voiture en vue ; c'est le moment parfait pour me lancer. Face à moi l'inconnu, derrière moi l'Europe, et sous ma poitrine, un cœur qui s'emballe…

C'est parti ! Sous un éclairage faible et crépitant, je comprends vite que la route est jonchée de cicatrices qui sont, pour moi, autant de pièges. Lourd comme une enclume, mon vélo est emporté par la pente, tressaute. Je ne peux plus compter sur mes freins. Je serre les dents en espérant qu'aucun véhicule ne soit lancé derrière moi, qu'aucune grenouille ne se jette sous mes pneus… Pourvu qu'il n'y ait pas de verglas ! Ma roue avant bondit. Mon cœur déraille. Pas de temps à perdre, je remets la chute à plus tard. Puis j'atteins le creux du tunnel. Soulagé, je m'arrête pour profiter de cet instant unique dans une vie de cycliste : mon vélo et moi sommes deux cent douze mètres sous la surface de la mer, encore plus bas que Jacques Mayol dans *Le Grand Bleu*. Ayant le tunnel du bout de l'Europe pour moi seul, j'en profite pour goûter l'eau suintante des parois, récompense encore plus délicieuse qu'une coupe de champagne. Ce plongeon a la saveur des belles ascensions, des très grands crus : d'un bon vieux Izoard, d'un Galibier millésimé, d'un Grand-Saint-Bernard bien corsé… En remontant vers la surface terrestre, mes chevilles deviennent de plus en plus douloureuses. Je suis à la peine, mais c'est gagné : je vais m'en sortir vivant ! Emporté par l'ivresse de la solitude, j'invoque joyeusement l'écho des profondeurs marines. Puis je retrouve la lumière d'une nuit sacrément claire.

Dans le silence des immensités, je déguste mon maquereau à la sauce tomate, tout en m'interrogeant sur la suite du programme. Faut-il que je dorme ? Seulement quelques dizaines de kilomètres me séparent du cap Nord. Je tente de poursuivre ma route, mais mes jambes ne tournent plus et mon corps se ramollit. Pour bivouaquer, je monte mon barda jusqu'au sommet d'une butte herbeuse qui m'offre un émouvant panorama sur les derniers rivages du continent européen. Pendant que j'installe ma tente, des rennes s'approchent discrètement de mes sacoches pour les renifler, avant de grignoter quelques lanières, qui ne semblent finalement pas avoir si bon goût.

Et je m'endors sur l'île du cap Nord…

17. Nordkapp

C'est le grand jour ! Prêt à en découdre, je me lève aussi vite qu'un matin d'examen. Tout d'un coup, mon corps retrouve cette excitation adolescente mêlant le désir de réussir à la peur d'échouer, cette tension explosive des contrôles de maths, de physique et de chimie. L'adrénaline est la même, mais le temps du bac (et de tous ces diplômes à la noix) est révolu – ce que je veux désormais, c'est mon cap ! Après tout ce chemin parcouru, pas le droit à l'erreur, c'est aujourd'hui qu'il faut conclure.

Le ciel est terne, mais il n'y a ni pluie ni brouillard. Je m'estime donc plutôt chanceux – pour le moment, du moins. Après avoir traversé un tunnel de quatre kilomètres (une broutille), j'arrive dans un village étonnamment grand (pour ces latitudes), presque une ville : Honningsvåg. J'y trouve même un supermarché Rema 1000, sillonné par des touristes sortant de je ne sais où. Je m'empresse de remplir mes sacoches. Inespéré, ce ravitaillement me permettra de tenir le siège. C'est décidé : qu'il pleuve, qu'il vente ou qu'il neige, je planterai ma tente au cap Nord, et j'y resterai des jours entiers s'il le faut, avalant maquereaux et *gulost* jusqu'à ce que le soleil pointe le bout de son nez.

La route s'éloigne du littoral pour m'offrir de belles ascensions qui réveillent mes tendinites (et les doutes qui les accompagnent). Pour préserver mes tendons, il ne faut surtout pas que je force… D'un autre côté, je dois tout donner pour arriver le plus vite possible au cap Nord, afin de ne pas être confronté à l'insupportable regret d'avoir raté une éclaircie qui ne se renouvellerait pas. La route ne cesse de monter et de descendre. Je n'en vois pas le bout. C'est épuisant. Soudain, la brume se volatilise, apparaît alors un vaste plateau minéral parsemé de névés et de lacs, balayé par un vent froid et vigoureux qui m'oblige, par moments, à poser le pied à terre et à pousser le vélo. Dans le ciel, les nuages, qui défilent à toute vitesse, permettent à de fugaces trouées bleues de faire courir de grands faisceaux de lumière sur ces vastes étendues lunaires. Je suis regonflé d'espoir !

Dans un long faux-plat montant, alors que je me bats contre les vents déchaînés qui se heurtent à la fin du continent, je commence à discerner une grosse boule blanche semblable à un observatoire astronomique. C'est le cap Nord ! Mon rêve est en point de mire. Un car de touristes me double. S'opposant aux rafales, son appel d'air me projette sur le côté. Je serre les dents et évite d'extrême justesse la chute. En me croisant, cinq motards, qui descendent du cap, lèvent, chacun à leur tour, le pouce pour me féliciter ; puis un couple dans un camping-car ouvre les fenêtres pour m'applaudir. Il ne faut pas se laisser aller. Je suis tout de même un peu touché. J'ai la gorge serrée. C'est la dernière montée, la fin d'une belle aventure. Avec ces chevilles capricieuses, je ne sais pas si je réussirai à rentrer à vélo, mais au moins, j'aurai fait l'aller à la force de mes mollets, ce qui n'est déjà pas si mal. Sous une éclaircie de bienvenue, posé au milieu de nulle part, un petit panneau oublié des touristes résiste aux vents ; et c'est dans la solitude des immensités que je m'arrête pour enfin toucher ce mot si coriace qu'est « Nordkapp ».

J'arrive ensuite au niveau d'une improbable barrière à péage. Pour moi, c'est gratuit. Je découvre un grand bâtiment vitré d'un goût douteux (une sorte de modèle réduit de la Cité des sciences de Paris), puis un grand parking sur lequel est étalée une belle collection de cars et de camping-cars. C'est un comble : je fuis le plus loin possible de la civilisation pour avoir la paix ; et une fois arrivé *au bout du bout*, je me retrouve dans un parc d'attraction !

Pendant que les nuages se déchirent et laissent le soleil inonder le cap Nord, je découvre le fameux globe d'acier, symbole de la fin du continent. Des voitures aux avions, les transports motorisés ont brisé la poésie de la lenteur et des immensités, mais tout n'est pas encore perdu : avec de la volonté et de l'imagination, explorer le monde en douceur reste encore possible. Cependant, comment ne pas douter de la pérennité de ces heureux vagabondages ? Dans un contexte d'épuisement des ressources naturelles, nos plus belles libertés ne sont-elles pas menacées par des régressions sociales devenant inéluctables ?

Le globe est entouré de touristes portant des doudounes et des bonnets qui se photographient en tenant leur téléphone à bout de bras. Séparant la mer de Norvège de la mer de Barents, ce « cap de l'extrême » n'est, certes, pas aussi sauvage que je l'aurais souhaité, mais sous ce soleil inespéré, je ne parviens pas être rancunier. Je m'approche du bord de la falaise, haute de trois cent sept mètres, pour contempler l'horizon arctique. Les sourcils froncés, je tente d'apercevoir la banquise ou au moins des icebergs. Je m'assois ensuite près du globe en regardant les gens sourire. À toujours courir après la beauté sauvage des paysages, j'en suis arrivé à oublier la joie réconfortante des visages.

Désirant m'échapper du périmètre touristique, j'accroche mon vélo et pars marcher. Afin de dissuader d'éventuels chapardeurs de fouiller dans mes affaires, je prends soin, comme à mon habitude, d'accrocher quelques chaussettes sales sur les tendeurs de mes sacoches. Dans le même esprit, pour faire croire que ma vieille bicyclette ne vaut pas la peine d'être volée, je m'efforce d'avoir un vélo toujours crasseux. Plus tard, lorsque deux gangsters me mettront un beau couteau sous la gorge, j'aurai la joie de constater que mon stratagème est efficace…

Tiraillé par mes tendinites, c'est en boitant que j'erre sur un plateau lunaire délimité par de vertigineuses falaises creusant un cirque aussi gigantesque qu'inaccessible. Peinant à poser un pied devant l'autre, je me contente de m'éloigner de quelques centaines de mètres de « Nordkappland », ce qui suffit largement à retrouver cette solitude que j'aime tant, cette solitude qui se marie si bien à la contemplation des paysages infinis. Sous un ciel étonnamment bleu, au-dessus des vagues qui explosent sur les rochers, je m'allonge au bord du vide. Bercé par les vents, mon âme savoure la plénitude d'un grand rêve enfin accompli.

Intrigué par le chargement de mon vélo, un Chinois me harcèle de compliments et de questions. Song et Lin (sa femme, beaucoup plus réservée) font « le tour d'Europe en quinze jours ». Adepte de la lenteur, l'idée me semble plutôt incongrue. Je suppose que des Européens prétendent faire le tour d'Asie en quinze jours avec la conviction d'avoir exploré tout un continent ; le monde doit leur paraître petit. Déjà qu'une vie ne me suffirait pas à faire le tour du Vercors – de ses sommets, de ses scialets, de ses forêts et de tant de secrets –, mais alors deux semaines pour un continent ! Non, il y a des territoires qui sont trop grands pour que l'on puisse en faire le tour. Et les richesses inépuisables de la géographie seront toujours, pour moi, une source de réjouissance. Diogène pensait que « l'homme riche est celui qui se satisfait de peu » ; je reproche simplement à des technologies devenues obèses de nous pousser à désirer l'impossible.

Le grand cœur de Song me fait oublier ces considérations très abstraites ; sourire et gentillesse sont plus forts que tout le reste... Après avoir pris un cliché de mon compteur, il nous photographie tous les quatre : lui, sa femme, mon vélo et moi. Il faut que je lève le pouce. En signe de reconnaissance, il me serre vigoureusement la main, avant d'héler toutes les personnes des alentours en s'exclamant : *"This man rode six thousand kilometers! Six thousand kilometers!"*

La discrétion de mon ami chinois éveille la curiosité d'un groupe d'Allemands qui se joint à la conversation. Ils sont surpris d'apprendre que je bivouaque tous les soirs, et n'arrêtent pas de me demander comment je me lave. Pour moi, ce n'est qu'un détail sans importance, mais pour eux, c'est un aspect qui supplante tous les autres. Malgré mes explications, ils ne semblent pas très convaincus par la qualité de mon hygiène. De leur point de vue, je ferais mieux de dormir dans des hôtels ou, à la rigueur, si je manque d'argent, dans des campings. C'est plus confortable, et cela permet de découvrir plus facilement la culture locale. Pendant qu'ils me parlent de leur paquebot de croisière, de lointains nuages, qui se rapprochent à toute vapeur, me font prendre conscience que je vis peut-être mes dernières minutes de soleil au cap Nord. Je fausse compagnie à tous ces bavards pour m'offrir de précieux instants de contemplation durant lesquels je me réconforte en songeant à Diogène. Puis, en une poignée de secondes, le brouillard efface l'horizon.

Comme tout le monde, je me réfugie à l'intérieur de ce grand bâtiment qu'est le Nordkapphall. Pendant que la majorité des touristes se dirige vers la boutique de souvenirs, je cherche une prise électrique pour charger ma batterie d'appareil photo. Pour la surveiller, je m'assois par terre, sors mon cahier, et rêvasse en regardant, par la baie vitrée, le globe enveloppé de grisaille. Après avoir fait le plein de bibelots, de nombreux estivants abandonnent les lieux. J'entends un beau *"fucking fog"*. Cette fois, je penche pour une définition plus proche du brouillard que de la grenouille. Les uns après les autres, les cars mettent les voiles. Pour m'occuper, je fais de petits allers-retours vivifiants jusqu'au globe fouetté par le grésil, où je me retrouve seul à la proue d'un continent. Aucun être humain n'est plus au nord que moi sur le sol européen ! Le bout du monde m'appartient. D'un côté, c'est formidable ; de l'autre, je suis tellement frigorifié que je peine à en profiter. Aussi tremblant que trempé, je retourne derrière les baies vitrées aux côtés d'une trentaine d'irréductibles rêveurs afin de guetter fiévreusement un éventuel retour du soleil.

Tout à coup, le vent balaie la brume, l'horizon surgit, et apparaît un soleil farceur qui, nous ayant tout juste laissé le temps de nous pencher sur nos montres, disparaît aussitôt.

Mais il n'est pas loin ; il frémit ; on le sent à la lutte. Malgré la tempête, nous nous empressons tous de sortir pour rejoindre le globe et nous approcher du spectacle. Dans le ciel rouge sang métamorphosé en champ de bataille, les énormes nuages, qui défilent comme des escadrilles, noient un soleil à l'agonie. À vingt-trois heures cinquante-neuf minutes, alors que le match semble définitivement plié, de grandes épées dorées commencent à percer ; refusant de s'avouer vaincu, le soleil, dans un dernier élan d'orgueil, déchire les nuées, jaillit de toutes ses forces, embrase le ciel, et nous offre une victoire inespérée, déclenchant, autour du globe du bout de l'Europe, une liesse comparable à celle du coup de sifflet final d'un championnat du monde de football. Victimes d'une époque aussi triste que ridicule, nous nous ruons tous sur nos petits instruments électroniques pour tenter d'immortaliser, sans même le regarder, ce soleil flamboyant qui s'apprête à repartir vers les cieux sans même avoir caressé l'horizon océanique.

Aussi mal coiffé que moi, un vieil adolescent, visiblement féru de photographie, me lance avec un grand sourire : « Ouf ! Il s'en est fallu de peu ! Je craignais de n'être venu pour rien. » Après m'avoir traité de cinglé, il m'invite à boire un café, mais je suis incapable d'abandonner le soleil de minuit pour un café. Le moment de grâce dure de précieuses minutes, puis les nuages relancent l'assaut, écrasent le soleil, nous plongent dans un épais brouillard, et déversent leurs trombes d'eau. Dans ces conditions, j'accepte d'aller boire un café (en gardant toutefois un œil sur l'extérieur).

Richard est allemand ; il voyage seul, et rentrera chez lui lorsqu'il n'aura plus d'argent. Il a fait de longues études de physique, plutôt intéressantes. Il m'avoue cependant que, dénaturé par des enjeux économiques malsains, le monde de la recherche l'a déçu. La science n'a pas vocation à être l'esclave des besoins technologiques de pieuvres commerciales ; il lui faut de la liberté pour partir à la conquête des mystères de l'Univers. Avec plus de sincérité que d'autres, Richard cherche sa voie. Je le comprends. J'aime sa gentillesse autant que sa tristesse. Un mauvais bilan carbone n'empêchant décidément pas d'être sympathique, mon ami bavarois a pris six avions et loué une voiture pour arriver au cap Nord. « Les vols vers la Laponie ne sont pas directs », croit-il bon de me préciser. Finalement, venir à vélo est presque plus simple. Malgré nos inconciliables étrangetés, nous sommes d'accord sur presque tout, y compris sur l'inégalable beauté du mont Thabor, dont l'ascension figure déjà sur son agenda. Grâce à ses avions, il retrouvera les Alpes avant moi, et ce, sous un beau soleil d'été. Je suis presque jaloux.

Richard a la mauvaise idée de m'expliquer que le point le plus au nord de l'Europe est, en réalité, le petit cap juste en face, à l'ouest. Il n'est accessible qu'après plusieurs heures de marche. Nous regardons mon atlas. Effectivement, il est bien possible que ce petit cap soit *un tantinet* plus au nord que le Nordkapp. N'étant plus capable de faire quelques pas sans grimacer, je ne pourrai pas m'y rendre. Mes chevilles sont gonflées comme des oranges. Ce serait de la folie. Tenter le coup risquerait de compromettre mon retour en France à vélo. Sans s'en rendre compte, pour le simple plaisir de bavarder, Richard vient donc de m'apprendre que je n'atteindrai pas le point le plus au nord de l'Europe. J'ai échoué (de très peu, certes, mais j'ai bel et bien échoué).

Comme si cela ne suffisait pas, il me rappelle que le cap Nord et « son cap jumeau » sont sur une île. Ils ne font donc pas partie *stricto sensu* du continent. Pour être exact, le point le plus septentrional du continent est, à vol d'oiseau, quelques dizaines de kilomètres plus à l'est, sur une péninsule, dont la visite m'obligerait à prolonger mon voyage de plusieurs centaines de kilomètres. Soucieux d'honorer un rendez-vous de la plus haute importance à Wien, où m'attendra une grande inspiratrice, je n'ai plus le temps de m'aventurer jusqu'à cet autre cap… D'une certaine façon, je suis presque soulagé d'avoir échoué de beaucoup plutôt que de très peu, car cette lointaine péninsule si joliment nommée Nordkinnhalvøya fait déjà naître en moi un nouveau rêve de voyage. Je crois être amoureux des fjords, et l'idée de ne plus les revoir me déchire le cœur. Le cap Nordkinn, « le vrai cap Nord », serait un bel argument pour repartir traverser la Norvège. Mais quand ? Et comment réussirai-je à patienter ?

Le café ferme. Un de ces quatre, il faudra que nous grimpions ensemble au sommet du mont Thabor – qui, du haut de ses trois mille cent soixante-dix-huit mètres, offre un panorama merveilleux sur les plus belles cimes des Écrins, de l'Oisans, de la Vanoise et du Queyras… Puis Richard me quitte pour aller dormir dans sa voiture à la manière d'un *roots*.

Invité à sortir du bâtiment, je ne pourrai pas me coucher sur un banc, bien au chaud ; et je commence à me demander où poser ma tente. Dehors, le sol est trop caillouteux pour planter une sardine, et le vent ne se calme pas. Peu importe, le ciel s'éclaircit. Je retourne vers le globe, où trois motards, venus d'Italie avec de grosses cylindrées, me privent de solitude. Ils me demandent de les photographier sous tous les angles. Ces durs à cuire se tiennent l'épaule avec des sourires nigauds. L'un d'eux, « le petit jeune », est si ému qu'il ne parvient pas à retenir ses larmes. Ces trois malabars sont attendrissants. J'attends d'être seul avec le globe pour lui murmurer un petit « au revoir » (auquel je ne crois pas vraiment). Puis, le cœur en sanglots, je lui tourne le dos…

Dès les premiers coups de pédale de *mon retour*, les bourrasques me chahutent comme une girouette. Je tiens le guidon aussi fort que possible. Déséquilibré, je pose le pied à terre à de nombreuses reprises, ce qui m'évite de quitter la chaussée. Il se met à pleuvoir. Le bitume devient glissant. Grelottant, je m'attaque à une rude descente. Détrempés, mes patins de frein n'adhèrent plus aux jantes, et ne parviennent plus à ralentir mon vélo emporté par la pente. Si je chute, le choc sera si violent que ce ne sera sans doute pas à vélo que je rentrerai chez moi – autant éviter le coup du retour fracassant.

Après de belles poussées d'angoisse, c'est au bord d'un lac entouré de névés, dans un joli creux de verdure protégé des vents par de petits monts dégarnis, que je plante mon abri. La pluie cesse et le ciel se dégage. À travers la moustiquaire, je regarde des rennes s'approcher de ma tente, tout en retenant mon souffle pour ne pas les effrayer. J'ai envie de partir les observer. Toutefois, je décide d'être raisonnable et de me coucher de bonne heure, c'est-à-dire à quatre heures.

18. Sous le soleil de l'Arctique

En retirant le bandeau me voilant les yeux, surgit un grand ciel bleu. J'suis crevé, mais pas le choix, 'faut se lever ! Quel bonheur de démarrer une journée au cœur de ces vastes étendues vertes et sauvages sans être dérangé par le moindre bruit ! Sous un soleil indéfectible, je redécouvre des paysages métamorphosés par leur nouvel habit de lumière ; j'en parcours amoureusement les douces courbes.

Je m'attarde de nouveau à Honningsvåg, où des dizaines de milliers de morues sont accrochées à des séchoirs en bois. Faisant de l'ombre au village, un paquebot de croisière est amarré au petit port ; ses passagers sont sans doute partis en car vers le cap Nord. L'attractivité touristique du village le plus septentrional d'Europe a au moins l'avantage de permettre à une petite boutique de sport de subsister. Je m'y aventure dans l'espoir de trouver une paire de chaussures qui offrirait à mes pieds un appui ferme sur les pédales, et qui soulagerait ainsi (du moins, je l'espère) mes chevilles. Convaincu que la réussite de mon retour d'expédition dépend du choix de ces nouvelles chaussures, je passe un long moment à déballer les boîtes, à enfiler les paires, à tester la rigidité des semelles en prenant des positions de danseur de ballet, et ce, sous les regards circonspects des deux vendeurs.

Face au premier rivage du continent, je m'installe sur un banc pour respirer le grand air de l'océan. Je suis heureux ; heureux d'avoir atteint le cap Nord, heureux de sentir le soleil me chauffer la peau, heureux d'avoir peut-être trouvé le remède à mes talons d'Achille. Le dos courbé, marchant avec une canne, un vieil homme aux yeux émeraude vient s'asseoir sur mon banc, histoire de souffler un peu et de bavarder. Avec un enthousiasme sans doute difficilement compréhensible, je lui parle de mes nouvelles chaussures, et fais l'éloge de cette boutique de sport que je cherchais depuis des centaines de kilomètres.

Thorbjørn dérive vite sur d'autres sujets. Dans un anglais très maîtrisé, il me raconte son ancienne vie de pêcheur. Il a toujours vécu sur cette île ; pourquoi irait-il mourir ailleurs ? Dans les grandes villes, il n'y a que du bruit et du stress – ici, on respire ! Puis il me parle de sa femme qu'il a perdue l'an dernier, de son fils et de sa fille qui sont allés vivre à Oslo avec leurs enfants. Il ne les voit qu'une fois par an – et encore ! Mais bon, il les comprend : « Il y a plus de travail dans la capitale, et c'est vrai qu'à Honningsvåg, le climat est parfois *un peu* rude… Enfin, ce n'est tout de même pas le Spitzberg ! » Après un long silence, le regard perdu dans le vide, le vieux marin peine à faire taire son cœur : « Lorsque le bonheur est à portée de main, on le croit indestructible, on n'y fait même pas attention… Puis, un matin, comme ça, sans prévenir, il s'écroule, et c'est fini. Pour toujours. » Il se sent seul. « De toute façon, la vie, ça se termine pareil pour tout le monde : seul dans un cercueil. »

Bref, sa grande maison est désormais très vide, et il me propose un toit pour la nuit. Ne manquant pas de flair, Thorbjørn pense qu'après tant d'efforts, je dois rêver d'une bonne douche chaude. Je suis touché par sa générosité. D'un côté, je sens qu'il a besoin de compagnie ; de l'autre, je ne veux pas le déranger. Et à vrai dire, sous un ciel aussi clément, l'idée de dormir entre quatre murs ne m'enchante guère. Je suis tellement habitué à dormir dehors que j'ai peur de manquer d'air. Je sens surtout qu'un magnifique bivouac m'attend, auquel il m'est impossible de renoncer. Sous prétexte de politesse, j'affirme ne pas pouvoir accepter une offre aussi généreuse, ce qui ne semble pas vexer mon ami qui se lance dans de grandes tirades sur la vie : « Être jeune, ça vaut tout l'or du monde. Si j'avais tes jambes plutôt qu'une canne, j'partirais voir du pays. Tant que tu peux, profite ! »

Une fois de plus, mon goût pour la compagnie humaine se heurte à mon amour pour la Nature. Souvent incompris, mes choix de solitude auront fait fleurir critiques et médisances ; plutôt que d'arroser ces fleurs ennemies, j'ai fini par comprendre qu'il valait mieux les laisser faner. Quoi qu'en pensent les autres, lorsque j'imagine mon corps qui se décomposera sous terre pendant des millénaires, j'ai besoin de respirer le grand air, de regarder le ciel, de sentir le vent me caresser la peau, d'être seul avec la Nature ; et chacune de ces douces secondes devient si précieuse qu'il m'est impossible d'y renoncer sans regret.

Ayant désormais « mon cap » en poche, plus rien ne presse, surtout pas le fait de rentrer chez moi. Je savoure ces paysages qui unissent la fraîcheur des montagnes aux bleus du ciel et de l'océan. Des rennes se promènent entre des cabanes abandonnées. Seraient-ils les seuls habitants des lieux ? Que j'aime ce monde paisible ! Puis j'arrive au bout de l'île. Après une grande inspiration, j'entre dans le « Nordkapptunnelen ».

Pour ne pas me faire doubler, je ne touche pas aux manettes de frein, et me lance à toute vitesse vers les fonds marins, avant de remonter en sifflotant vers le continent.

Les nuages tourmentés de l'aller ont cédé la place aux chaudes couleurs d'un soir d'été. Sur un vaste plateau aux courbes harmonieuses, ma route fend la toundra. Sur ce tapis de mousses, de fleurs et de lichens, aucun arbre, aucune maison ; sur cette peau parfaitement lisse, pas le moindre bouton. Le bitume de la chaussée est de trop. Je décide de m'aventurer sur une piste se perdant dans l'horizon marin. Sillonnant les étendues rases et orangées, je découvre, entre quelques plaques de neige, des lacs oubliés d'une grande beauté. Au sommet d'un modeste mont, j'installe ma tente qui domine ainsi le plateau de toundra ; plateau pour moitié bordé de lointaines cimes blanches et dentelées, pour moitié suspendu au-dessus d'un gigantesque lac océanique aux rivages doux et vallonnés.

Afin de ne pas troubler le calme absolu de cette belle soirée, le vent s'abstient d'émettre le moindre souffle. À défaut d'y déposer une toile, je sors mon petit trépied pour y fixer mon appareil photo, puis je capture, à intervalles réguliers, le mouvement du soleil. L'astre descend jusqu'à devenir rougeoyant, avant de remonter vers un jour éternel. Entre chaque prise de vue, je dispose de dix minutes pour flâner dans la toundra sauvage et infinie, pour goûter une plénitude que je voudrais perpétuelle. Refusant d'en perdre une miette, je ne parviens pas à aller sous ma tente si bien qu'à quatre heures du matin, je suis encore en train de ramper pour observer cinq rennes blancs comme neige cheminant l'un derrière l'autre vers l'océan…

Dans la vie surgissent parfois des moments éblouissants, comme de petites pépites d'éternité, qui, jusqu'à notre souffle dernier, occuperont plus de place dans le coffre de nos souvenirs que de grandes constellations d'années... Aucune équation en perspective : en jouant si librement avec le temps, nos mémoires ont de quoi inspirer aux physiciens sans doute autant de désespoir que le plus insondable des trous noirs.

57e jour
La chaleur me réveille ! Les souvenirs se bousculent, et je me crois au bord de la Méditerranée, lorsque le soleil me faisait sortir tout en sueur de ma tente, et que mon cœur balançait entre la joie d'une nouvelle journée de lumière et la détresse d'une nouvelle journée de sécheresse. Sous ce ciel arctique, mon cœur ne fait plus le difficile : face au soleil, il ne fait qu'exulter de joie, et me pousse, en deux temps trois mouvements, hors de ma tente. En me voyant ainsi surgir, mes cinq compagnons, revenus paître autour de mon campement, prennent peur, et s'enfuient en trottant.

Aucune trace de brume à l'horizon. Seul au milieu de ces étendues infinies, sous cette lumière d'une rare pureté, je me demande à quoi bon continuer. N'est-il pas préférable de m'endormir ici, une bonne fois pour toutes, plutôt que de repartir vers un avenir douteux ? Face à tant de splendeurs, la mort me paraît plus douce, plus légère que la somme des souffrances du restant d'une vie prise dans les rouages du mercantilisme. Quoi de plus beau que ces espaces lumineux et sereins pour poser un dernier regard sur le monde ?

Après de nombreux kilomètres ensoleillés, le long des plages où les rennes se promènent, je retrouve le village désert d'Olderfjord. C'est ici que la route se divise pour mener, d'un côté, à Alta (où je suis passé à l'aller), de l'autre, au fond du fjord de Porsanger, d'où il est possible de se diriger soit vers la Suède soit vers la Finlande. Rêvant aux chemins futurs, mon imagination zigzague entre ces deux pays... En attendant de me décider, je continue de suivre le fjord de Porsanger qui ressemble de plus en plus à un très large lac entouré de voluptueuses collines.

Sous les tendres lumières du couchant ou du levant – je ne sais plus –, les petites îles et les monts rocheux se couvrent de rose et d'orange. J'installe ma tente dans une prairie broussailleuse, en surplomb d'une plage. Il faut que je dorme, mais quel gâchis sous ce ciel si beau ! Heureusement, j'entends comme un craquement de branche qui m'autorise à explorer les alentours, et donc à retarder mon coucher. Des rennes descendent sur la plage. Me voyant approcher, ils lèvent la tête d'un air interrogateur, arrêtent de mastiquer, me fixent du regard, puis s'en vont brusquement. Je les prends en filature, me cache dans les buissons... Profitant de la marée basse, ils s'éloignent du rivage en marchant sur l'eau, et s'acheminent, à la manière d'une caravane de dromadaires, vers un gros soleil rouge qui saigne jusque dans la mer. Pour mieux contempler le tableau, je m'aventure sur la plage, et passe devant la seule maison des environs, près de perchoirs plantés dans le sable, où, dans une cacophonie de cris, des mouettes couvent pendant que d'autres font des acrobaties dans les airs.

Alors que je suis absorbé tout entier par ce décor flamboyant qui conjugue les beautés de la Nature, un claquement de porte me fait sursauter. Un homme sort de la maison. Je le salue de loin en me disant que, comme moi, par une nuit si claire, il doit avoir du mal à trouver le sommeil. Je comprends parfaitement que le désir de profiter de ce spectacle ait pu le tirer du lit. Lui, par contre, semble étonné de me voir marcher seul sur la plage, à une heure plutôt incongrue et dans une tenue assez insolite. Les rennes se noyant dans l'horizon, je fais demi-tour, et repasse devant mon voisin pour répondre à la question qui lui trotte dans la tête : « Mais d'où sort-il, celui-là ? » D'un air se voulant rassurant, je lui lance : *"I take pictures. It's very beautiful. I travel by bicycle."* Ses yeux cherchent mon vélo…

Ketil se montre finalement compréhensif, et m'explique que les cris inhabituels des mouettes ont réveillé sa femme. Il s'est levé pour comprendre ce qu'il se passait. Je crains d'avoir dérangé, malgré moi, ces oiseaux, et d'avoir ainsi perturbé le sommeil des deux seuls êtres humains dans un rayon de dix kilomètres. Je m'en excuse. Soucieux de ne pas me faire culpabiliser, Ketil s'évertue à me convaincre que ce n'est pas de ma faute : ce sont ces balourds de rennes qui, en passant près des nids, ont fait vibrer le sol sur lequel se trouvent des poussins, ce qui n'a pas manqué d'énerver les parents zélés défendant leur progéniture. Il me montre du doigt ces nouveau-nés hérissés qui ressemblent à de petites peluches, et que je n'avais jusque-là pas remarqués.

En marchant sur la plage, je songe à la vie de ce couple dans cette maison loin de tout ; j'imagine les automnes gris et humides, les hivers noirs sur fond blanc, les aurores boréales… Dupé par la lumière précoce du jour, je me sens en grande forme. Et l'envie de repartir pédaler monte en moi comme le soleil dans le ciel. Mais l'heure m'impose de me voiler les yeux ; et, comme lorsque j'étais enfant, le sommeil devient une punition intolérable. Pour apaiser mon chagrin, comme d'autres avant moi s'endormirent en se répétant : « Garlaban, collines, cigales, garrigue… », je m'assoupis avec mes mots magiques : « Nordkapp, fjords, rennes, toundra… » ; et, peu à peu, mes rêves se chargent de prolonger cette journée que je refuse de quitter.

58ᵉ jour

C'est aujourd'hui que je dois dire au revoir au dernier fjord de mon voyage. Pour l'occasion, le soleil fait l'effort d'être là – à tel point que, malgré ces latitudes polaires, je suis en nage ! Ivre de fatigue, je sors de ma tente en titubant et renverse mon vélo, mais comme le paysage est beau ! De larges rivières descendent paisiblement des collines pour se jeter dans les eaux salées du bout du fjord ; fjord qui s'apprête à laisser sa place à une vallée dont je ne vois pas la fin. Large et ouvert, inondé de lumière, Porsanger se démarque de tous ces fjords étroits, verticaux, rocheux, sombres et tourmentés. C'en est fini des cascades, des falaises, des montagnes et des glaciers. À moi les doux reliefs !

Perdu au milieu de ce désert sauvage, un homme à l'épaisse barbe grise, habillé tout en kaki, m'explique, un œil accroché à une longue-vue, que Porsanger est très apprécié des oiseaux pour ses eaux peu profondes, et qu'il recherche un spécimen rare, emblème de la Norvège. Je crois qu'il me parle de l'étrange façon que cet oiseau a de battre les ailes, mais mon niveau d'anglais très limité (particulièrement en ornithologie) donne à ses phrases un sens énigmatique. Je lui montre, au loin, des rennes qui se promènent sur la mer, mais cela ne l'intéresse visiblement pas.

Comment peut-on être insensible aux charmes d'herbivores aussi majestueux ? Que leur vie semble douce ! Il y a entre ces rennes et la Nature une forme d'harmonie qui m'emplit de mélancolie ; de la mélancolie d'une époque révolue pour notre espèce… Déroutante curiosité de l'évolution, l'homme est un animal qui – plutôt que de se contenter de satisfaire ses besoins élémentaires – s'épuise à toujours se créer de nouveaux désirs, et qui se condamne ainsi, malgré la profusion des outils à sa disposition, à être perpétuellement inadapté à un bonheur que la Nature lui offre.

Après avoir longé le littoral quelques milliers de kilomètres, je descends caresser la mer une dernière fois. Et, comme lors d'une séparation douloureuse, mon cœur se serre, mes yeux débordent un peu…

19. Les nuées hématophages

Alors que j'arrive à Lakselv, village aux rues désertes, le ciel se voile, et quelques gouttes commencent à tomber. Je me réfugie dans le petit office du tourisme, où un quinquagénaire, portant un tee-shirt John Lennon, boit un café en discutant avec la jeune employée. Ils ne semblent pas débordés. Souriant et décontracté, l'homme – peut-être le maire ? – me demande d'où je viens, et estime qu'après un si long voyage, je mérite bien un thé et quelques biscuits. En partant chercher mon goûter, Lars me dit que je peux prendre une douche – ce qui ne se refuse pas. Après avoir été si longtemps crasseux, quel délice de retrouver la magie de l'eau chaude ! S'éloigner du confort moderne a au moins l'avantage de redonner de la valeur à une foultitude de petits bonheurs ; à toutes ces choses simples qui, en temps normal, sont tellement présentes dans nos vies que nous finissons par ne plus voir leur beauté.

Pendant qu'il pleut, mon hôte me parle de son amour du fjord de Porsanger, et me rend déjà nostalgique. Je lui explique que, pour le chemin du retour, j'hésite entre la traversée de la Finlande et celle de la Suède. Il réfléchit longuement en se frottant le menton, avant d'en arriver à la conclusion que « la Suède est un pays sauvage, forestier et plutôt vallonné », alors que « la Finlande est un pays sauvage, forestier et plutôt plat ». D'un air grave, Lars ajoute : « Et surtout, quelle que soit ta route, fais de grosses provisions, car les villes seront rares après Lakselv – très rares ! » De peur de paraître impertinent, je n'ose pas lui demander : « Encore plus rares qu'avant Lakselv ? » Comme moi, Lars n'a ni la carte de Finlande ni la carte de Suède, mais il me sort un ordinateur portable pour que j'étudie mon parcours. Avant de me quitter, il me demande si nous pouvons prendre une photo devant l'office du tourisme avec « l'équipe » et mon vélo. Pas de problème ! Je retourne ensuite devant l'ordinateur pour obtenir des informations sur la tranquillité des routes. Pour passer le temps, la jeune employée, écouteurs aux oreilles, regarde des vidéos sur son téléphone. Étant en sortie de carte, je lui pose régulièrement des questions plus ou moins déconcertantes comme : *"How many kilometers to Karasjok? Is there a market in Karasjok?"* Elle me répond avec autant d'incertitude que de bienveillance. Épargné par la pluie qui dessine de petits ruisseaux dans les rues, je me délecte d'être au chaud et au sec, tout en m'efforçant de rester très critique à l'égard des charmes menaçants du confort moderne.

La Finlande ou la Suède ? Il faut que je me décide. Ce choix conditionnera les milliers de kilomètres à venir. Partir vers la Finlande me conduirait naturellement vers les États baltes (Estonie, Lettonie, Lituanie), voire la Russie, ce qui serait une belle occasion d'ajouter de nouveaux pays à « mon palmarès ». Partir vers la Suède me ferait descendre plus directement vers le sud, ce qui pourrait être un moyen de vite retrouver le soleil pour ensuite le pourchasser – pourquoi pas jusqu'en Espagne ? Lakselv est apparemment peu touristique : en trois heures, seul un couple (peu loquace) franchit la porte de l'office. Arrive l'heure de la fermeture, je remercie vigoureusement Lucia de m'avoir accueilli si longuement dans cette pièce chauffée où j'ai récolté tous les renseignements dont j'avais besoin : *"Thanks to you, I'm ready to come back in France!"* Ainsi donc, il existe encore sur Terre de petits havres d'humanité préservés de la logique de la rentabilité.

Après avoir fait le plein de *polarbrød* et de filets de maquereaux à la sauce tomate, je m'aventure vers les immensités vertes. Alors que depuis le cap Nord, la végétation rase ne laissait rien dépasser, ma route est subitement entourée d'un océan d'arbres s'échouant aux pieds de lointaines montagnes enneigées. Cette mutation de biotope s'accompagne d'un enrichissement tout aussi brutal de la faune : dès que je m'arrête, des nuages de moustiques m'enveloppent (et me font aussitôt repartir). Les heures s'écoulent sans porter à ma vue la moindre voiture, la moindre maison. J'aime la tranquillité absolue de cette vaste forêt vierge tendrement vallonnée, traversée par de larges rivières prenant, de temps à autre, un peu de repos dans de grands lacs paisibles. J'aperçois un renne qui, en me voyant, part se réfugier dans la forêt. Auparavant, dans la toundra, les rennes n'avaient aucun arbre pour se cacher, ce qui me permettait de les observer facilement. À l'inverse, dans la taïga, rien n'est plus aisé que de disparaître, et je crains que nos rencontres soient désormais beaucoup plus rares.

Pour trouver un spot de bivouac, je m'enfonce dans les rares trouées n'ayant pas été colonisées par les arbres, mais, entre marécages et tourbières, le sol est gorgé d'eau. Trempé jusqu'aux mollets, je pousse mon vélo dans la boue en faisant de grands gestes désespérés pour éloigner les moustiques, avant d'enfiler en toute hâte un scaphandre improvisé (composé d'un pantalon, d'une veste, de gants et de ma moustiquaire de visage). Je finis par trouver un carré d'herbe à peu près sec pour planter ma tente, dans laquelle je me calfeutre pour échapper aux nuées bourdonnantes. Allongé sur un sol douillet (mais cabossé), je me gratte de tous les côtés en essayant de compter, à travers la toile maillée du plafond, mes minuscules compagnons.

Depuis qu'un renard a profité de mon sommeil pour me dérober toutes mes provisions (me contraignant par la suite à ne rien avaler durant deux froides journées), depuis qu'une souris est entrée par effraction dans ma tente, depuis qu'un chien m'a chipé mon pain, j'ai pour principe de ne jamais laisser la moindre miette dans un abri, donc de toujours manger dehors. Ne voulant pas déroger à cette règle, je sors dîner. Pour porter les aliments à ma bouche, je suis forcé d'ouvrir, à intervalles réguliers, le casque de mon scaphandre si bien que de nombreux moustiques s'engouffrent du mauvais côté des mailles du filet, et donnent ainsi du piquant à un repas un peu fade. Malgré mes démangeaisons irrépressibles, j'apprécie le calme de la soirée : pas un brin de vent, de discrets chants d'oiseaux et un ciel rose tendre. Afin de retrouver un rythme nycthéméral plus conventionnel, je me couvre les yeux à trois heures du matin, heureux de parvenir, pour une fois, à me coucher tôt.

59ᵉ jour
Sur l'océan désormais forestier, de douces collines forment de petites vagues que je me plais à affronter, et qui me

poussent jusqu'à Karasjok, îlot civilisé entouré d'une Nature sans fin. Dans les trois rues du village, je ne croise que deux individus. Chacun d'eux porte une longue veste descendant jusqu'aux genoux, un bonnet se terminant par trois pointes et des bottes fourrées. Je découvre enfin la tenue traditionnelle same. Bon an mal an, certaines coutumes ancestrales résistent encore à l'uniformisation du monde. Malgré l'absence de neige, ces deux Samis – imperturbablement taiseux – tentent de se déplacer sur des skis, ce qui n'est pas si incongru pour des statues... Sous un soleil insolent, la jauge du thermomètre de la place (prévue pour indiquer des températures allant de moins cinquante à plus trente degrés Celsius) est sur le point d'exploser. Ayant appris à me réjouir d'une douceur dépassant rarement les dix degrés, je retrouve brutalement un été que je n'osais plus espérer.

Gagné par l'euphorie, impatient de franchir pour la première fois la frontière de mon trente et unième pays *by fair means*, je troque mes dernières couronnes norvégiennes contre un autocollant d'élan. Puis je fonce vers la Finlande, convaincu que *ce pays du sud* au climat plus continental qu'océanique m'offrira, en ce mois de juillet, de belles journées ensoleillées ainsi que de paisibles bivouacs forestiers. Après ces semaines éprouvantes, j'espère « me la couler douce ». Comme à chaque fois, je suis tout excité à l'idée de me lancer dans la traversée d'un pays inconnu. Je vais découvrir de nouveaux paysages, de nouveaux animaux, de nouvelles personnes, une nouvelle langue, une nouvelle culture ; et ma vie nomade va changer.

Mais lorsque je découvre le petit pont qui enjambe le fleuve frontière, je ressens surtout de la tristesse. Sous un soleil qui semble s'être réconcilié avec moi, je m'assois sur une souche d'arbre enracinée à la rive norvégienne de l'Inarijoki. En dégustant mes maquereaux King Oscar, un bout de *gulost* et un morceau de *kneipp*, je me remémore ma petite virée à travers le pays des fjords : la fille aux yeux bleus et ses barres chocolatées, cet ami vagabond aux joues givrées et toutes ces personnes que je ne reverrai plus jamais... Je me souviens de mon premier regard échangé avec un élan, des rennes s'éloignant vers le couchant ; des orques et des dauphins, de la toundra sans fin ; du froid et du vent, de tous ces nuages si contrariants... Je me souviens des lacs, des cascades et des glaciers ; de toutes ces folles splendeurs m'ayant mené jusqu'au globe d'acier... Comme j'étais heureux ces soirs où, assis près de ma tente, je contemplais, dans le silence des fjords, les ombres et les lumières des montagnes et de la mer...

Je ne revivrai sans doute jamais une aventure aussi passionnée, car la vie est trop courte, trop encombrée de contraintes. Que la sagesse peut être ennuyeuse ! Certes, il me reste encore quelques milliers de kilomètres à parcourir avant de rentrer, mais mon chemin vers la France s'éloigne définitivement des fjords – de ces paysages géants et ensorcelants qui entrechoquent cimes et océan. De ce chapitre de vie qui s'achève, il ne me reste déjà plus que des souvenirs que le temps s'empressera de réduire en poussière. Écrire, c'est essayer de reconstruire ce qui tombe en poussière ; c'est faire un petit château de sable sur une plage infinie. Tôt ou tard, une vague emportera le château. Et personne ne se souciera de l'insondable histoire de mes grains de sable. Tout sera oublié.

Troublant ma mélancolie, des enfants finlandais descendent à vélo sur le pont, puis sautent joyeusement dans le fleuve qui sépare les deux pays. Cette scène d'insouciance est difficilement imaginable sur bon nombre de frontières matérialisées par des rideaux de fer. Aucun camp militaire dans les parages, simplement un petit panneau « Finland » destiné aux distraits ; un petit panneau qui me rappelle qu'avant qu'il ne soit trop tard, je me serai au moins emparé de cette chance d'appartenir à une génération pouvant librement vagabonder dans une Europe en paix.

20. Dans l'immensité de la taïga

Avec l'espoir de trouver de la nourriture moins chère et plus variée que de l'autre côté de la frontière, je fais un tour dans l'épicerie de Karigasniemi. Le dépaysement est immédiat. Quel bazar ! Il y a des cartons partout. Tout est mélangé. Des étagères se cassent la figure. Il faut jouer à l'acrobate pour aller au bout des rayons. À la caisse, les clients se bousculent… Rien à voir avec les magasins impeccablement rangés de Norvège. Sur le parking qui fait office de place du village, les gens parlent fort, sont en tee-shirt et mangent des glaces. Une première impression est souvent anecdotique, rarement pertinente, toujours est-il que l'expressivité de ces Finnois se démarque de la discrétion habituelle des Norvégiens.

À la sortie de Karigasniemi, je pédale jusqu'au sommet d'un petit mont, d'où je découvre une route parfaitement rectiligne fendant l'étendue plane et sans limites de la taïga. Dans cette forêt de bouleaux et d'épicéas parsemée de tourbières et de lacs, pas la moindre maison, pas la moindre voiture. Les traces de civilisation se résument à un étroit tapis d'asphalte tendu vers l'horizon et à de grands panneaux jaunes, disposés tous les dix kilomètres, sur lesquels sont inscrits : « Kaamanen 70 », « Kaamanen 60 », « Kaamanen 50 » et ainsi de suite. En Norvège, je pestais contre la géométrie fractale des routes qui m'obligeait parfois à passer par toutes les lettres de l'alphabet pour aller d'un point A à un point B. À l'inverse, en Finlande, pour aller d'un point K à un point K, ma route est on ne peut plus directe et suit une géométrie rigoureusement euclidienne. Cette fois, c'est la monotonie du paysage qui me donne l'impression de ne pas avancer, comme si la roue arrière de mon vélo était bloquée par un home-trainer.

Je m'arrête au bord d'un ruisseau avec l'intention de profiter du soleil pour me laver, faire ma lessive et une petite sieste, mais très vite, des nuées de moustiques m'assaillent et transforment ce moment de détente en une éprouvante séance d'acupuncture. Je me sens si sale que, malgré les innombrables piqûres de ces vampires microscopiques, je ne renonce pas à me déshabiller entièrement. Pour échapper aux assaillants, je m'agite dans tous les sens, allant jusqu'à courir en me lavant les cheveux. Au final, ma toilette est si éreintante que remonter sur mon vélo devient le meilleur moyen de me reposer.

Certes, le paysage est incontestablement plus monotone qu'en Norvège. Toutefois, je me sens progressivement envoûté par ces forêts sauvages oubliées des hommes. Derrière tous ces arbres se cachent de grands mystères traversant saisons, siècles et millénaires. Derrière tous ces arbres se cachent des nids et des terriers, des lacs et des reflets, d'innombrables créatures insoupçonnées… Quoi de mieux que cette taïga pour refaire fleurir un imaginaire érodé par l'insipidité d'une société qui ne sait que compter ?

De la route, les lacs (indiqués sur ma carte) sont invisibles, car constamment cachés par des murailles d'arbres. Afin de les approcher, je me hasarde sur des sentes, mais ces expéditions ne sont jamais couronnées de succès. Perdue dans la forêt, « la ville » de Kaamanen, que je finis par atteindre, est constituée de trois cahutes disposées autour de la jonction de trois routes absolument désertes : celle dont je viens, celle menant en Russie – à laquelle je dois malheureusement renoncer (faute de visa) – et celle menant à Inari, capitale des Samis. À cette heure tardive, sous ce ciel orangé oublié des nuages, je n'ai plus qu'un seul désir : contempler le lent rebond du soleil sur un lac finlandais. Pour accéder à ce spectacle, les obstacles sont, hélas, nombreux. Refusant d'abandonner, je pousse mon vélo à travers les tourbières, porte mes sacoches au-dessus des rivières. Et ma sueur coule jusqu'à un grand lac, beau comme une merveille.

Vêtu de mon scaphandre anti-moustiques, je déambule sur le rivage au milieu de bouleaux nains et de fleurs inconnues. Le souffle du vent est un lointain souvenir. Le calme est absolu. Annonciatrices d'un crépuscule encore une fois condamné à l'échec, les couleurs flamboyantes de la fin de soirée embrasent un ciel qui est comme posé sur son immensité jumelle. Bordé d'un double ruban de sapins, ce lac, tel un miroir parfait, se transforme en une série de tableaux représentant, à la façon des peintres impressionnistes, un même ciel sous des nuances changeantes. Encore plus démesurées que *Les Nymphéas* de Monet, ces œuvres indomptées ne finiront jamais dans un musée – l'essence de leur beauté est dans cette liberté. Seule la Nature peint des toiles qui côtoient l'infini. Les êtres humains cherchent à l'imiter, mais se heurtent toujours à l'exiguïté de leur finitude. De ce décor sauvage se dégage un profond sentiment de sérénité me donnant envie de me reposer, d'arrêter de voyager. Pourquoi retourner vers la civilisation ? Pour retrouver le parfum des voitures, le romanesque des factures, les splendeurs de l'architecture, le blanc des murs ? La réconciliation promet d'être pénible.

Sur un lit de mousses et de lichens, je découvre un gros crâne, dont la dentition ne laisse aucune place au doute : c'est un crâne d'ours ! Ayant toujours rêvé de voir des ours, je suis d'abord émerveillé par ma découverte, puis je commence à m'inquiéter : bivouaquer au bord de ce lac n'est peut-être pas une bonne idée. Néanmoins, dans cette forêt interminable, installer ma tente cent kilomètres plus loin ne réduirait vraisemblablement pas le risque de me faire dévorer. Bouger est inutile. Et après tout, que je me fasse du souci ou que je pense à autre chose ne change rien à la probabilité qu'un ours passe dans les parages. Et à choisir : n'est-il pas préférable de mourir au grand air sous un beau ciel lapon plutôt que dans une chambre d'hôpital sous de pauvres néons ? Bref, m'inquiéter ne ferait que bêtement gâcher ma soirée – autant en profiter sans me poser plus de questions !

Alors que je plante ma tente sous la voûte sylvestre, une grosse boule de plumes (qui semble sortir d'un sèche-cheveux) vient se poser sur une branche, et me regarde avec curiosité en poussant de drôles de piaillements. À la manière d'un écureuil, l'oiseau saute d'une branche à l'autre, se rapproche de moi, puis se met un peu en retrait, avant de revenir encore plus près comme s'il cherchait à jouer. Serait-ce une jeune chouette qui rencontre, pour la première fois, ce dangereux animal qu'est l'humain ? Derrière tous ces vivants piliers, je sens comme des regards familiers avec lesquels je voudrais me réconcilier.

Et c'est dans cette forêt qui recèle tant de secrets que je m'endors en rêvassant aux jours prochains, à la douce traversée d'une Nature sans fin…

Forêts, gardez vos secrets !

Au fond, si je me suis tant agité, c'est sans doute pour m'éloigner de l'intarissable flot de mes pensées tourmentées. Plus que le cap Nord, je cherchais un monde vierge de soucis, un monde capable de remettre en ordre un cerveau rendu souffrant par une société malade. En m'enfonçant dans cette taïga, mon esprit s'enveloppe d'une quiétude nouvelle. De toute ma vie, je n'ai jamais connu d'endroit plus calme que le cœur lumineux de cette forêt…

Forêts, gardez vos secrets, car ce qu'un grand nombre d'hommes voit finit toujours par être détruit. La beauté du monde ne peut être préservée que sous le voile protecteur et fragile du secret ; voile que nos fortes paroles, toujours trop abondantes, déchirent ; voile que nos doux murmures, toujours trop rares, caressent. Mettant le monde en équilibre, le silence est une vertu ; une vertu en péril, un vieil anticyclone à l'agonie qui cède peu à peu sa place à d'interminables désordres atmosphériques.

Je ne croyais plus vraiment à l'existence de ces immensités sauvages. Ce nouveau monde me redonne presque foi en la vie, mais je peine à croire que ces forêts riches de mystères résistent encore longtemps à la cupidité de mes congénères. Et je suis triste de vivre dans une époque qui m'oblige à penser, à l'encontre de mon cœur, que la Terre serait plus belle sans l'espèce humaine.

Après avoir tout dévasté, nos corps orgueilleux seront réduits en cadavres silencieux, nos cadavres silencieux en composts filandreux, puis les lombrics bien moelleux rendront les oiseaux heureux. En un sens, malgré le caractère irréversible de nos ravages et sans pour autant que justice soit rendue, la Nature se vengera – au moins un peu.

Après 15 098 kilomètres, j'ai fini par rentrer…

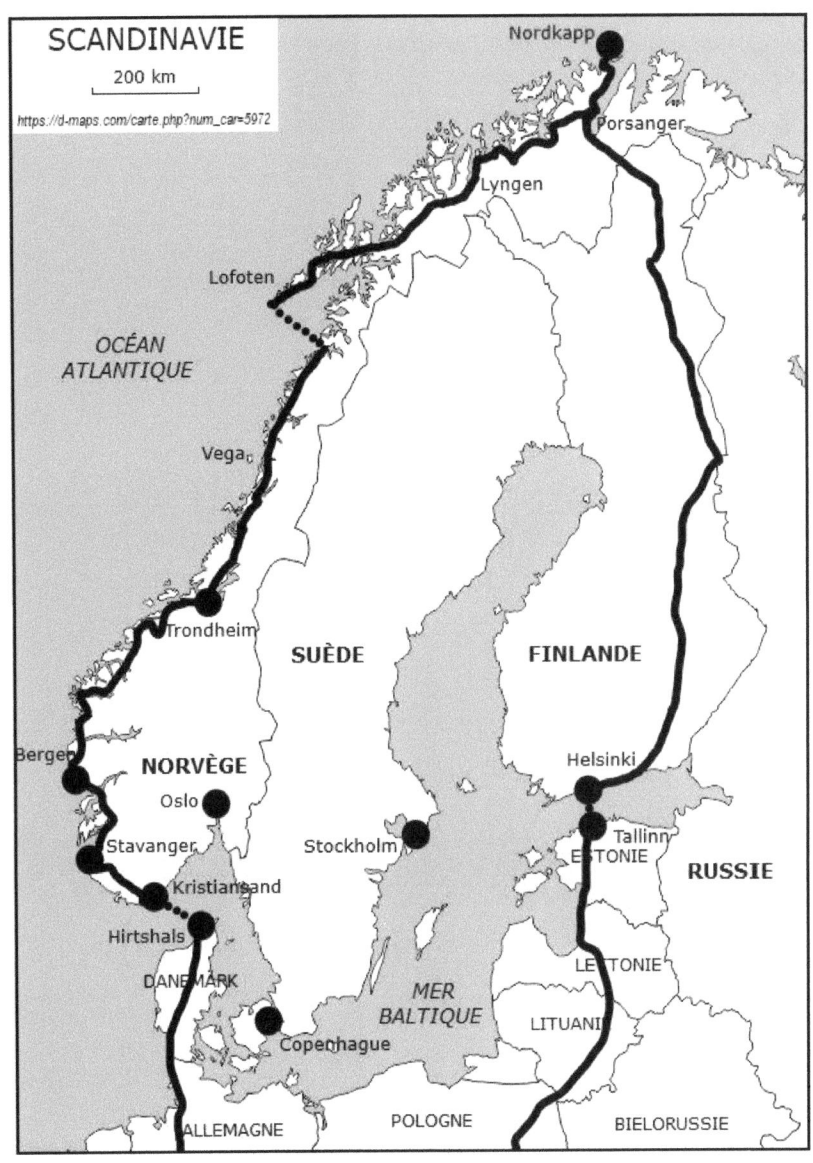

De Grenoble à Grenoble : portion scandinave de l'itinéraire

TABLE DES MATIÈRES

1. Motif d'absence 7
2. L'ivresse d'un lilliputien 13
3. Sages parmi les sages 21
4. Hardanger 27
5. Bergen 31
6. Geiranger 39
7. Trollstigen 43
8. Ô frères vagabonds ! 49
9. Les richesses de la lenteur 55
10. Le cercle polaire 63
11. Lofoten 71
12. Vesterålen 79
13. Les timides prémices de l'été 87
14. Petit, je voulais être astronaute 95
15. La mélancolie des grands espaces 101
16. À l'instar des élans 109
17. Nordkapp 115
18. Sous le soleil de l'Arctique 125
19. Les nuées hématophages 135
20. Dans l'immensité de la taïga 143
Carte 153

Du même auteur

À LA POURSUITE DE L'HORIZON, 2010